D1202736

Bonjour, là, bonjour

«Toute traduction, adaptation ou utilisation de cette oeuvre, en tout ou en partie, pour quelque fin que ce soit, par quelque moyen que ce soit, par toute personne ou tout groupe (amateur ou professionnel), est formellement interdite sans l'autorisation écrite de l'auteur ou de son agent autorisé.»
Pour toute autorisation, veuillez communiquer avec l'agent autorisé de l'auteur: John C. Goodwin et associés, 4235, avenue de l'Esplanade, Montréal, Québec, H2W 1T1, Canada.

Photo de la couverture: Georges Dutil
Les photographies, à l'intérieur, sont de François Brunelle.

«Tous droits de traduction et d'adaptation, en totalité ou en partie, réservés pour tous les pays. La reproduction d'un extrait quelconque de ce livre, par quelque procédé que ce soit, tant électronique que mécanique, et en particulier par photocopie et par microfilm, est interdite sans l'autorisation écrite de l'auteur et de l'éditeur.»

ISBN 2-7609-0167-X

© Copyright Ottawa 1987 par les Éditions Leméac Inc.
Dépôt légal — Bibliothèque nationale du Québec
3e trimestre 1987

Imprimé au Canada

**Michel
Tremblay**

Bonjour, là,
bonjour

LEMÉAC

À mon père

pour l'amour du bonjour

par Laurent Mailhot

«Comment c'est qu'y fait, pour l'amour
du bonjour!»

«Bonjour, bonjour. Bonsoir, bonsoir.
C't'à peu près toute... Du small talk,
t'sais veux dire...»

LIRE TREMBLAY

*Comment lire Michel Tremblay? Et d'abord,
faut-il le lire? Ne suffit-il pas de l'entendre, de
le voir jouer?* Il fallait bien ouvrir le livre C't'à
ton tour Laura Cadieux *pour prendre connaissance du récit, du discours de l'attente chez
le «génie-coloye», mais* En pièces détachées
fut donnée à la télévision, Demain matin Montréal m'attend *est une comédie musicale,* La
Duchesse de Langeais *est un monologue...*
*Malgré un niveau de langue identique et
certains thèmes communs (la télévision, la taverne, la mécanique quotidienne, le Québec
«assis»), le théâtre de Michel Tremblay est*

11

loin de la création collective et des fêtes des P'tits Enfants Laliberté (Germain) ou du Grand Cirque Ordinaire; loin aussi de l'«environnement» d'un Maurice Demers, de l'Équation de Moretti, des canevas de Levac, Gurik, Barbeau. Des rituels, oui, mais incorporés au texte; une structure, mais pas de schéma. Il faut tout prendre (tout est donné), et tout prendre en même temps: la portée et le rythme, la couleur et le son. Pas seulement le ton, mais chaque note, chaque phrase, chaque mouvement, l'un après l'autre et avec tous les autres. Les pièces de Tremblay ne peuvent être résumées sans perte (on le verra dans le cas de Bonjour, là, bonjour), être reprises, modifiables à volonté, suivant les circonstances et l'inspiration du moment. Elles existent une fois pour toutes, et les différentes versions des Belles-sœurs ou d'En pièces détachées sont toujours la même pièce, le même texte.

Il était une fois dans l'Est est un film de Brassard, ce n'est pas une œuvre (ou les œuvres) de Tremblay. C'est un reflet, une traduction, un découpage-télescopage, un album d'images (scrapbook) du monde de Tremblay et de son voisinage. Des mots, des bouts de dialogues (ou de monologues) sont sans doute de Tremblay, mais celui-ci était davantage lui-même dans ses adaptations de Lysistrata, de Tennessee Williams ou de Paul Zindel qu'il ne l'est dans l'adaptation de Tremblay. Nul ne se traduit, nul ne se choisit et ne se résume bien soi-même; on ne fait pas sa propre critique, *sa propre synthèse. D'autre part, le lecteur est un type bien particulier de voyeur, d'organisateur, d'interprète.*

Le théâtre de Tremblay — on peut y joindre C't'à ton tour Laura Cadieux, *qui dit «la même chose que d'habetude», cachant et dévoilant l'essentiel — ne se réduit pas à des situations, à un milieu, à un niveau de langue, à des types et à des tics. Il est dans un langage spécifique, incompressible, irréductible; dans des textes finis, complets, qu'on pourra seulement retoucher par des variantes secondaires. Leur accent, leurs caractères d'évidence, de spontanéité, de naturel sont le résultat d'un travail d'écriture. Tremblay n'a pas seulement observé et éprouvé, il a surtout lu, assimilé, transformé: Gélinas et Dubé, Brecht et Beckett, les Américains et les Grecs.*

LE ROASTBEEF *FAMILIAL*

Serge, vingt-cinq ans, est coincé depuis la mort de sa mère entre un père sourd et deux tantes idiotes d'une part, quatre sœurs possessives ou agressives d'autre part. Tout le monde veut lui faire manger du roastbeef (mal cuit); on lui laisse le choix entre les patates pilées et les patates au four. Les morceaux qu'on lui offre (qu'on lui fourre presque de force dans la bouche) ne sont qu'un retour, un échange pour le beau morceau qu'il est («sexy»), à consommer en famille avec les assaisonnements d'usage.

Les vielles tantes Gilberte et Charlotte, deux sœurs, couchent dans le même lit et voudraient s'étrangler. Elles vivent avec leur frère, Armand, pour des raisons économiques mesquines. Les quatre sœurs de Serge ont chacune un problème. Lucienne, l'aînée, la «deuxième moman», qui a épousé un médecin anglophone, se trouve amoureuse du meilleur ami de Serge; elle voudrait que son frère lui laisse, pour ses ébats, une pièce de son nouvel appartement. Monique, mariée à un représentant de commerce toujours absent, est un «paquet de nerfs» bourré de «pelules». Denise, incapable sans son «tit-frère de «guetter» ses calories, se présente tantôt comme une «truie», tantôt comme «la plus grosse, la plus ragoûtante, qui s'rait prête à te faire des affaires»; elle joue à la cachette et au chatouillage; son plus grand plaisir (et celui de Monique) serait de regarder Serge se déshabiller, prendre sa douche et se promener en «canneçons». Quant à Nicole, la plus jeune, qui dormit et s'amusa avec Serge jusqu'à l'âge de vingt-huit ans, elle avoue carrément: «J't'aime». Cet amour est partagé, Serge le reconnaît enfin à son retour d'Europe.

Nicole et Serge habiteront donc ensemble, à la jalousie des trois autres, qui, notons-le, deviennent ainsi belles-sœurs. Le couple (ou plutôt Serge, en pleine nuit) décide d'amener son père vivre avec lui. Serge — que Lucienne voit comme une «tapette manquée»: «J'me suis dit pendant longtemps que c'était c'qui pouvait t'arriver de mieux » — est-il amoureux de sa sœur ou de son père? L'intimité avec Nicole est-elle un détour permettant de rejoindre et de récupérer le père? L'entente (la connivence) entre Armand et son fils est miraculeuse: le père n'entend rien mais comprend tout.

Mais notre lecture peut devenir plus intéressante que cette psychocritique d'occasion.

LES COMMODITÉS DE LA CONVERSATION

Bonjour, là, bonjour. *La redondance signale le piétinement, le cercle des formules attendues. Le titre et la pièce dessinent une boucle. Un nœud au centre, Serge, entre deux faisceaux de lignes à peu près parallèles: le trio des vieillards, le quatuor des (plus ou moins jeunes) femmes. Des solos aux octuors, une longue plainte modulée: on est* tanné. *L'ensemble est d'un beau gris, monotone, monocorde, lent, passif, résigné — rehaussé par quelques éclats hystériques des (belles-)sœurs rivales et par la «sonnerie insistante» de l'avant-dernière scène, très rapide.*

Le tissu usé et délavé ne se déchire pas; on l'accommode et le raccommode, on relance (chacun pour soi, «tu-seul») la conversation. Ces dames sont des Pénélopes; le père est un vieux berger fidèle, fatigué et complaisant; Serge est à la fois Ulysse et Télémaque. Son odyssée de Montréal à Paris et en Grèce plutôt une halte qu'une exploration ou un combat.

Elle lui donne cependant du recul, un courage lucide, tranquille: «Vous m'avez assez barouetté quand j'étais p'tit, astheur, c'est moé qui décide!»

Si le dénouement est une décision, un geste, la pièce s'amorce et se développe par ces clichés qu'on pourrait appeler les commodités de la conversation — à peine moins absurdes que les monosyllabes à la Ionesco du début d'À toi pour toujours, ta Marie-Lou. «En parlant de cartes postales...», on les étale: Paris «faite comme un oignon», la «mare à canards» de la Seine, la Méditerranée bleue «à laver pour de vrai». On passe d'un souvenir à un racontar: médire, mal dire, maudire; qu'en dira-t-on? on le dit soi-même, tout de suite. Les grandes sœurs reconstituent le passé (l'enfance de Serge) comme elles se remontent à coups de médicaments, de petites aventures, d'aliments-drogues: «J'aimerais juste pas être celui qui passe en arrière de vous autres pour ramasser votre marde! C'est toute!»

Les questions sans réponse s'accumulent, les négations s'annulent: «Pour que c'est faire...?», «J'aime assez pas ça...», «J'vas pardre sans connaissance!» La conversation, comme il se doit, tourne en rond:

> GILBERTE — Tu dis pas non, hein?
> SERGE — Ben non...

Oui, non, peu importe; c'est toujours peut-être, si, voyons... Ce sont des points d'exclamation et, surabondants, des points de suspension:

le vide lui-même est découpé, entrecoupé, re-coupé; on l'«envale» comme un comprimé, pour faire passer le reste.

Il n'est pas indifférent — et seulement pit-toresque, comme dans étebus, spéghatti, tabar-name, ou «Reste pas la falle à l'air de même» — de dire *voyagement* pour *voyage*, *étranges* pour *étrangers*, plané pour planifié, acter *pour* jouer. Ce n'est pas sans rime ni raison qu'on reproche à Lucienne d'être «ancienne»; ce n'est pas un hasard si cette anglicisée est par-tagée entre un Bob (son mari), un Bobby (son fils) et un Robert (son amant). Cela est dit parce que cela se lit. Gilberte et Charlotte se trou-vent à parler à la troisième personne, comme de Gaulle, en se désignant elles-mêmes par «ma tante»; elles sont statiques, historiques en un certain sens. La conversation est con-servation: alcôve, bocal, vinaigre.

«Avant, tu v'nais me voir, de temps en temps... Tu me parlais... Asteur, on dirait que t'as pu rien à me dire...», se plaint Monique à Serge. En effet, le babillage, le flirt, c'était hier, autrefois; l'action, le dialogue — le drame, la pièce — se bâtissent contre la conversation courante. Il faut arrêter, défaire parodier ces chaînes, cet enchaînement, pour pouvoir dire tout à coup: «Popa, j't'aime!» ou «Chus t'en amour avec Nicole. Pis Nicole est en amour avec moé. C'est toute.» — «My God! Pis tu me dis ça de même...», s'étonne Lucienne, qui voudrait en rester aux allusions, aux hypothè-ses.

L'AMOUR QUI SE SALUE LUI-MÊME

Prenons Bonjour, là, bonjour *littéralement et littérairement. S'agit-il d'une formule d'entrée ou de sortie? d'une conversation ou d'une conversion? Tremblay joue sur l'ambiguïté du* bonjour *québécois, salutation qui est aussi bien un au revoir, un adieu. Il s'agit ici, dans tous les sens, d'un départ. Serge et Armand quittent la maison: nouveau partage, existence nouvelle. Désormais, on ne communiquera plus de la même façon, ni au téléphone ni dans les cuisines; ou plutôt: ceux qui parlent et ceux qui agissent (aiment, voyagent, lisent) seront définitivement séparés.*

Le problème entre Serge et son père n'est pas un problème d'amour mais d'expression. Sourd depuis quarante ans, sans le dire, Armand avait accepté de son fils, il y a quelques années, cet appareil qui lui a permis de connaître pour la première fois la voix de ses enfants et le monde de la musique: «Pis d'entendre les violons, Serge, d'entendre les violons... c'était comme si... j'avais été au ciel, maudit!» *Ce petit employé à la retraite est presque un intellectuel (parce que la conversation lui échappe?). Il a lu Maupassant pendant la Crise.* «Pis apporte-moé d'autres livres...», *dit-il à Serge dès son retour. Il traite d'ignorants et de paresseux ses chums de la taverne, à qui il tient des discours socio-culturels. Le plus significatif est que ce sédentaire sache situer les monuments de Paris, grâce entre autres à Victor Hugo. Cet homme qui lit sur les lèvres,* qui a en tête la carte, le plan de Paris, peut tout déchiffrer, tout comprendre — et d'abord cette pièce où l'on parle de lui et à lui: «pour l'amour du bonjour», ce bonjour de l'amour, totem et tabou, ce réveil des mots, des sens, cet inceste (bonjour et amour sont proches parents), ce jeu, ce plaisir de dire.

Atteindre le lecteur et atteindre le personnage du père, c'est ici une seule et même opération. Dès que le père a dit: «Laisse faire, mon garçon... Laisse faire le reste. J'le sais le reste...», la pièce se termine. Nous devons, nous aussi, remplir les pointillés et les sous-entendus, répondre au «bonjour». La fin de la conversation est le début de la parole-écriture. La salutation est un salut, un sauvetage. Bonjour, là, bonjour, c'est la reconnaissance et la connaissance, l'amour par le salut, le salut par l'amour, «pour l'amour du bonjour».

BONJOUR, LÀ, BONJOUR

pièce en un acte

NOTE DE L'ÉDITEUR

La présente édition propose, à la demande de Michel Tremblay, une modification des noms d'*Albertine* et de *Gabriel* pour éviter toute confusion avec les autres pièces du cycle des Belles-soeurs et les Chroniques du Plateau Mont-Royal. *Albertine* et *Gabriel* sont donc devenus respectivement *Gilberte* et *Armand*.

La pièce a été créée à Ottawa, le 22 août 1974, par la Compagnie des Deux Chaises, puis jouée successivement à Québec, Montréal, Shawinigan et Sherbrooke.

Distribution

LUCIENNE	Denise Pelletier
DENISE	Amulette Garneau
MONIQUE	Monique Joly
NICOLE	Odette Gagnon
GILBERTE	Rita Lafontaine
CHARLOTTE	Frédérique Collin
ARMAND	Gilles Renaud
SERGE	Guy Thauvette

Mise en scène: André BRASSARD

Décor: Guy Neveu
Costumes: François Laplante
Maquillages: Jacques Lafleur
Assistant-metteur en scène: Michel-Pierre Boucher
Régisseur: Richard « Pétart » Chartrand

Photos: François Brunelle
Producteur: John Goodwin
Publicité: Camille Goodwin

N° 1   TRIO

ARMAND — Pis, toujours, comment c'était, l'Europe?

GILBERTE — Ma tante, à l'arait ben aimé ça, faire des voyages.

CHARLOTTE — Le rêve de ma tante, c'tait de faire le tour du monde.

ARMAND — C'est-tu aussi beau qu'y le disent?

GILBERTE et CHARLOTTE — Mais ma tante, à l'a pas eu c'te chance-là.

ARMAND — T'sais que t'es chanceux, toé, hein? T'es le premier de la famille à traverser l'Atlantique!

GILBERTE — Non...

ARMAND — Ah, y'a ben ton oncle Farnand, pendant la guerre, mais quand y'est arrivé là, tout était fini, pis y l'ont rechipé icitte aussitôt!

CHARLOTTE — Non, à l'a pas eu c'te chance-là, ma tante.

ARMAND — Y'a pas eu le temps de se rendre plus loin que Londres, en Angleterre! Non, t'es le premier!

GILBERTE — T'as pas eu trop mal au cœur, sus l'avion, au moins?

ARMAND — C'est ça que j'disais, aux gars, à'taverne, l'aut'jour: «Mon Serge, c'est le premier de toute la famille à aller passer trois grands mois en Europe!»

CHARLOTTE — Trois mois... Aie, ma tante, c'est trois ans qu'à voudrait aller passer, loin d'icitte!

ARMAND — J'leu's'ai payé une traite, pis j'leu's' ai toute conté c'que tu me disais dans tes lettres. Ah, c'tait pas la première fois, mais j'te dis que quand j'leu' paye la traite de même, y m'écoutent! Y savent que c't'important, c'que j'dis! Même si c'est pas la première fois... Pis si y'en a qui veulent pas écouter, des fois, Bonnier leu' dit de s'farmer la yeule, pis y va éteindre la télévision. J'me sus levé deboutte, pis j'leu's'ai toute conté tes lettres de la Grèce!

GILBERTE — Ça doit être long, sept heures de voyagement, hein?

CHARLOTTE — Y disent que Paris, c'est faite comme un oignon, c'tu vrai, ça?

ARMAND — J'te dis qu'y'avaient les yeux grands! Ça beau être mes chums... c'toute une gang d'ignorants pareil! Ça jamais été plus loin que Guy pis Dorchester! Tu leur parlerais de Saint-Lambert, pis y comprendraient pas, j'pense! Pis y'en a deux-trois p'tits jeunes morveux, là, qui voulaient pas me croire... Y paraît qu'y me criaient: «Ça se peut pas, de l'eau bleue de même! Tu radotes, Armand, rassis-toé!» Moé, tu comprends, j'les entendais pas... Bonnier a été obligé de leu'montrer le timbre su'a lettre que j'avais apportée, pour les tenir tranquilles!

CHARLOTTE — Est si bleue que ça, l'eau? Bleu à laver pour de vrai?

GILBERTE — Voyons donc, Charlotte, si Serge l'a écrit!

ARMAND — C'toute une gang de jaloux. Ça a jamais rien faite de leu'vie, pis ça f'ra jamais rien! Ah, sont là quand c'est le temps de critiquer, par exemple! Ah, oui, monsieur! Pis même quand c'est pas le temps! Ça passe leu'grands journées effouerrés à'taverne, à cracher sus tout le monde, pis ça lèverait pas le p'tit doigt pour essayer de faire une cenne! J'leu' dis souvent à ces p'tits sans-cœurs-là, moé, j'te dis que j'me gêne pas! «Vous avez pas vingt-cinq ans, que j'leu' dis, pis vous agissez comme des retraités comme moé! Grouillez-vous le cul, un peu! C'est ça, l'avenir de demain? C'est pas de même que vous allez vous faire une vie! C'est pas de même que vous allez vous trouver une femme! Pis ceux qui sont mariés, là, j'espère que vous achetez des Life Savers avant de rentrer chez vous, parce que vous devez avoir une haleine de ch'val!» Pis une fois, sais-tu c'qu'un d'eux-autres m'a répond? Y m'a crié à pleine tête pour que j'comprenne ben: «Moé, j'bois ma biére icitte, pis ma femme boit sa biére à'maison! Ça fait que l'haleine...» Dans ce temps-là, je r'grette quasiment de pouvoir lire sur les lèvres...

GILBERTE — Mais ça doit faire changement, hein, de vivre, comme ça, dans un autre peuple, avec du monde qu'on connaît pas!

CHARLOTTE — Ma tante est assez folle! À tou'es matins, j'descendais pour voir si y'avait pas une lettre dans'malle!

GILBERTE — C'est-tu ben dur, de s'habituer?

CHARLOTTE — Comme si t'avais le temps de nous écrire à tou'es jours! Tu nous appelles même pas quand t'es t'icitte, t'étais pas pour nous écrire à tou'es jours en Europe!

GILBERTE — Tu vas rire, mais j'pensais à toé quand je r'gardais les vues françaises, à'télévision. J'me disais: «Comment c'est qu'y fait, pour l'amour du bonjour!»

CHARLOTTE — Ton père était ben inquiète, des fois, quand ça faisait trop longtemps...

ARMAND — Mais chus là, j'parle, j'parle, pis c'est toé qui viens de débarquer...

CHARLOTTE — Ton père était ben inquiète, des fois, quand ça faisait trop longtemps...

GILBERTE — Ben oui, Charlotte, tu viens de le dire!

CHARLOTTE — Ben, y m'écoutait pas! Parsonne m'écoute jamais, ici-dedans!

GILBERTE — Si on t'écoute pas, c'est parce que t'es plate!

CHARLOTTE — Pis toé, tu penses peut-être que t'es t'intéressante?

ARMAND — Les Européennes, sont-tu ben belles?

GILBERTE et CHARLOTTE — Les Européennes, sont-tu ben belles?

GILBERTE — On pensait de te voir revenir avec une p'tite Parisienne!

CHARLOTTE — Moé, ça m'arait surpris...

GILBERTE — Ça t'arait surpris, toé!

CHARLOTTE — Ben, cartain!

GILBERTE — Pourquoi faire?

CHARLOTTE — J'ai mes raisons...

GILBERTE — T'es donc fine!

CHARLOTTE — Çartain, que j'ai mes raisons!

GILBERTE — T'es toujours plus fine que les autres, toé, hein?

CHARLOTTE — J'dis pas que chus plus fine que les autres, j'dis que ça m'arait surpris, c'est toute!

GILBERTE — C'est vrai que Serge a plus de goût que ça. Tant qu'à ça, t'as ben raison.

ARMAND — J'en ai connu une, moé. Ah, ça fait ben longtemps, de ça. Avant ta mère. Une Belge. Aie, là, j'te parle, c'est dans les années vingt! Y'en avait moins qu'aujourd'hui, des émigrés, dans ce temps-là! Est-tait pas ben belle, mais est-tait intéressante à parler. C'tait ben avant... mon accident. Mais j'arais pas faite ma vie avec elle. Ah, non. J'sais pas comment c'qu'y font, hein, les ceuses qui marient des étranges? Mais elle, à me contait toute la misère qu'y mangent, là-bas. C'est quasiment pas croyable, hein? La guerre, la famine, toute leur s'arrive, à eux autres! Quand on y pense, on a beau se plaindre, on est ben, nous autres, icitte.

CHARLOTTE — On n'est pas si ben que ça !

ARMAND — R'marque qu'elle, ça fait ben longtemps. C'est peut-être moins pire aujourd'hui.

GILBERTE — Pourquoi tu manges pas ? Ça fait cinq menutes que t'es servi, pis tu regardes même pas dans ton assiette... Y me semble que t'aimes ça, le roastbeef !

CHARLOTTE — Y'est peut-être pas assez cuit. Y'aime ça ben cuit.

GILBERTE — Ah, oui, c'est vrai. J'ai oublié de te donner le dessus. Tu comprends, en trois mois, t'en oublies ben, des affaires...

CHARLOTTE — Veux-tu que ma tante te change ton assiette ? Donne, j'vas te mettre d'autres p'tits pois...

GILBERTE — Faudrait peut-être faire réchauffer les patates...

ARMAND — Aie pas peur de me parler de Paris, t'sais ! J'y ai jamais été, mais j'ai ben lu ! Chus renseigné pareil ! La carte géographique de Paris, je l'ai là, dans'caboche ! Aie, c'pas un fou, ton père ! J'ai peut-être jamais été plus loin que Guy pis Dorchester moé non plus, mais j'me sus tenu au courant de ben des affaires ! La tour Eiffel, j'le sais, ousqu'à l'est ! Est sur la rive gauche ! Pis Notre-Dame de Paris aussi, j'le sais ! Sur l'Île de la Cité ! Victor Hugo en a assez parlé dans son livre ! Pendant la crise, là, quand j'travaillais pas, ben j'lisais. Toé, tu t'en rappelles pas, t'étais pas au monde, mais demande à Lucienne. Maupassant, pis tout ça, j'ai toute lu ça, moé !

GILBERTE — Y'est peut-être fatiqué. Ça y tente peut-être pas de toute nous conter ça aujourd'
hui.

ARMAND — Quoi?

GILBERTE — *plus fort* — Peut-être qu'y'est fatiqué! Y nous contera toute ça une autre fois!

ARMAND — Voyons donc! Y'est capable de parler à son père même si y'est un p'tit peu fatiqué,
jamais j'croirai! Ça fait trois mois qu'on s'est
pas vu! Y nous a assez rabâché les oreilles avec
c'te voyage-là avant de partir, j'peux pas croire
qu'y'est pas capable de nous donner quequ's'im-
pressions en débarquant de l'avion! À part de
t'ça, tu m'as dit, à Dorval, qu'y faut que tu te
tiennes réveillé au moins jusqu'à minuit, à soir,
rapport au décalage d'heures, ça fait qu'envoye, shoot, j't'écoute!

GILBERTE — Laisse-lé donc manger, un peu,
Armand, y nous contera tout ça, après.

N° 2   DUO

SERGE, *trop fort, articulant trop pour se faire
comprendre de son père* — Ah, oui, c'est ben
beau, Paris! C'est une ville... extraordinaire!
C'est grand! Euh... Partout ousque tu vas, c'est
beau. Y'a pas de places laides. En tout cas, j'en
ai pas vu. *(Plus fort.)* J'dis que j'ai pas vu de
places laides! Non, non, c'est pas ben large, la
Seine... *(Essayant de rire.)* Ça a plutôt l'air
d'une mare à canards que d'une rivière... *(Silence.)* Euh... Quand c'est toute illuminé, le

31

soir, là, le Louvre, pis toute ça, c'est pas croyable ! J'pensais souvent à toé, en me promenant... *(Plus fort.)* J'pensais à toé en me promenant ! Toé qui aimes tant ça, marcher, j'te dis que tu s'rais servi ! tu t'en rends pas compte, pis tu marches pendant des heures, pis des heures. Pis c'est jamais plate. Y'a toujours quequ'chose d'intéressant à voir. Pis c'est le fun, parce que quand tu regardes le nom des rues, ça te rappelle tellement d'affaires ! Des livres, des films, pis des chansons... Pis les coins de rues sont ben beaux, parce que sont pas à angle droit, comme icitte. Y'a toujours cinq ou six rues qui débouchent à la même place, ça fait que des fois, les rues ont pas de coin !

GILBERTE — J'pense qu'y t'entend pas, Serge. Son appareil est cassé, pis y'est trop orgueilleux pour te le dire.

N° 3   OCTUOR

On entend le rire de Lucienne. Puis l'éclairage monte sur elle. Lucienne parle avec un léger accent anglais, comme si elle s'était déshabituée à parler le français.

LUCIENNE — Y t'ont-tu montré à vivre un peu, au moins ? My God, avec la longueur de cheveux que t'as là, j'pense qu'y t'ont pas changé ben ben ! Fais-moé couper ça, ces cheveux-là, c'est même pus à'mode ! Même Bobby va se les faire couper pis y'a rien que seize ans !

SERGE — Comment c'qu'y va, Bobby? Toujours le p'tit bum d'la famille?

CHARLOTTE — Lucienne a téléphoné. À voudrait que t'alles la voir.

GILBERTE — À l'a parlé à ma tante Charlotte, pis à l'a même pas demandé de mes nouvelles.

LUCIENNE — Bobby? Wof, m'as dire comme son père, y'a le temps de se refaire. C'est sa foolish age... C'est l'âge des folleries, qu'y'en fasse. On verra ben après.

SERGE — Pis la p'tite fille qu'y'a mis enceinte, à va-tu avoir le temps de se refaire, elle?

LUCIENNE — Si t'es t'encore venu icitte pour me parler de t'ça, toé... J'ai pas de besoin de toé pour élever mes enfants.

SERGE — Chus v'nu icitte parce que tu m'as invité, Lucienne.

LUCIENNE — Tu s'rais pas v'nu, sans ça?

SERGE — Non, j's'rais pas v'nu.

LUCIENNE — Tant qu'à ça, t'arais pu refuser!

SERGE — Des fois que t'aurais quequ'chose d'important à me dire. Si t'as pris la peine de téléphoner chez popa...

LUCIENNE — J'voulais pas que tu coures comme un fou chez Nicole, on t'arait jamais revu!

Monique apparaît.

MONIQUE — Ah, mon beau pitou, j'peux pas croire que t'es t'arrivé! Ça fait au moins deux heures que j't'attends! Mais pendant que t'es t'habillé, irais-tu à'pharmacie, pour moé?

LUCIENNE — Vas-tu retourner rester chez eux?

SERGE — Chez eux, c'est chez nous...

Nicole essaie de dire quelque chose sans y parvenir.

LUCIENNE — Farme donc le stéréo, ça me donne le mal de bloc. Pis y faut que j'te parle sérieusement. Le premier bouton en bas, là... As-tu remarqué que c't'un neuf? Non, on sait ben, tu remarques pas ça, ces affaires-là, toé...

SERGE — Pourquoi tu dis ça? Tu le sais ben que j'les remarque, ces affaires-là. Tu dis toujours que j'vois toute...

LUCIENNE — T'arais pu m'en parler, y m'a coûté quasiment mille tomates.

SERGE — Chus pus à l'âge ousque j'sautais au plafond à chaque fois que t'achetais un nouveau plat à salade ou une nouvelle table de téléphone! Ton bar aussi j'ai remarqué qu'y'était neuf, mais j't'en ai pas parlé parce que j'trouve ça laid, un bar dans le coin d'un salon, pis que le tien est particulièrement terrible!

LUCIENNE — Tu t'en viens jaloux, comme les autres...

Denise apparaît.

DENISE — Ah ben, ah ben, la belle surprise! Ben, rentre! J'ai justement faite un roastbeef. J'sais que t'aimes ça! Donne-moé un beau gros bec cochon, là...

SERGE — Si t'es pour être agressive de même, moé, chus fatigué, j'vas aller me coucher...

LUCIENNE — Ben non, reste. Reste. Finis la soirée icitte, tu coucheras dans la chambre d'amis. T'sais qu'on l'a remeublée tout en neuf depuis que t'es parti, hein? J'trouvais que le Colonial, ça faisait cheap...

SERGE — C'est moé qui t'avais dit ça...

LUCIENNE — ...ça fait qu'on a acheté du Spanish. C'est ben swell. *(Silence.)* Tu vas aimer ça. Le set Colonial, on l'a mis dans'cave pour quand Bobby reçoit sa gang de chums. *(Silence.)* Comme ça, t'as aimé ça, ton voyage! Conte-moé tout ça...

MONIQUE — Combien c'que j'te dois?

SERGE — Ben non, laisse faire...

MONIQUE — Ben voyons donc, t'es pas pour te mettre à me payer mes pelules! Ah... Sont ben plus chères que je pensais... J'pourrai pas m'en acheter ben ben souvent...

LUCIENNE — J'suppose que tu viens de tout conter ça chez popa, pis que t'as pas envie de recommencer...

SERGE — Lucienne... On dirait que t'as vraiment oublié comment c'qu'on s'est laissé y'a trois mois...

LUCIENNE — Ah, c'est ça... T'es t'encore en maudit contre moé...

MONIQUE — Pis y'en a rien que douze! Sont-tu fous?

LUCIENNE — Même après trois mois...

MONIQUE — Bob m'avait dit que j'en arais assez pour un mois!

SERGE — Peut-être qu'y faut pas que t'en prennes à tous les jours...

LUCIENNE — Bon, okay, j'tais un peu paquetée, c'te soir-là... pis j'sais que t'aimes pas ça le monde qui se paquetent.

SERGE — Ça me fait rien que le monde boivent, d'abord qu'y m'engueulent pas pis qu'y renvoyent pas dans mon assiette.

LUCIENNE — Serge! j'me rappelle pas au juste de c'que j'ai faite, mais j'ai certainement pas renvoyé dans ton assiette!

SERGE — Bon, ben moé, ça me tente pas de reparler de ça à soir... J'ai d'autre monde à voir...

MONIQUE — Si ça continue de même, moé, j'vas prendre toutes les douze d'un coup, pis...

SERGE — ...salut!

MONIQUE — Salut tout le monde...

LUCIENNE — J't'ai demandé de rester, t'à l'heure... J'ai quelqu'chose d'important à te dire.

GILBERTE et CHARLOTTE — Ton père a rencontré ta sœur Lucienne, su'a rue Sainte-Catherine, l'aut'jour...

ARMAND — J'ai rencontré ta sœur Lucienne su'a rue Sainte-Catherine, l'aut'jour...

GILBERTE, CHARLOTTE et ARMAND — Pis...

SERGE — Ben quoi, que c'est qu'y'a encore?

GILBERTE, CHARLOTTE et ARMAND — Est-tait avec un autre homme...

MONIQUE — J'avais complètement arrêté d'en prendre, un temps, t'sais... Complètement. J'tais ben mieux, aussi. Mais là... J'sens des drôle d'affaires...

LUCIENNE — C'est drôle à dire...

DENISE — C'est drôle à dire, hein, mais j'avais oublié que t'étais grand de même.

MONIQUE — Des chaleurs que j'ai, depuis quequ'temps...

DENISE — Mais ça doit être tes maudites bottes à semelles épaisses, aussi...

MONIQUE — Chus correcte, là, pis tout d'un coup, j'me mets à pus voir clair, pis j't'étourdie c't'effrayant...

DENISE — Tabarname que t'es beau, mon p'tit frère !

MONIQUE — Bob m'a donné c'te prescription-là. C'est supposé d'être ben bon, mais y paraît que c'est ben fort.

DENISE — Ben, assis-toé, reste pas dans'porte de même, t'es trop sexy quand t'es deboute, tu me donnes des chaleurs !

Nicole essaie encore de dire quelque chose sans y parvenir.

LUCIENNE — T'sais que ça va pus ben ben avec Bob. Ça fait vingt ans qu'on est marié, bon, pis toute le kit. Bonjour, bonjour. Bonsoir, bonsoir. C't'à peu près toute... Du small talk, t'sais veux dire...

SERGE — Y'a rien de ben nouveau là-dedans.

LUCIENNE — Ben... c'est parce que j'ai rencontré quelqu'un d'autre...

SERGE — Ah oui ? Tant mieux.

LUCIENNE — C'est tout c'que ça te fait !

SERGE — Si t'es t'heureuse, chus ben content pour toé.

LUCIENNE — Y a un problème...

SERGE — J'm'en s'rais douté...

LUCIENNE — Écoute-moé donc, un peu... Laisse-moé parler. C'est dur à dire...

GILBERTE, CHARLOTTE et ARMAND —
C't'un p'tit jeune...

LUCIENNE — Y'a ton âge...

GILBERTE — C'tu écœurant, hein? Une mère
de famille!

CHARLOTTE — Ça prend-tu une saprée cochonne!

ARMAND — J'ai faite semblant que j'la voyais
pas, pour pas la gêner. Mais j'pense qu'elle aussi
à m'a vu. À l'a passé à côté de moé en regar-
dant dans une vitrine. J'pense que tu le connais,
lui...

LUCIENNE — ...pis tu le connais.

SERGE — Ah, pis j'le connais à part de t'ça! Ça
va finir par être comique, c't'histoire-là! Quand
j'vas apprendre son nom, j'suppose que j'vas
lever ça d'haut en criant: «Pas lui, ça se peut
pas!»

ARMAND — C'est le gars qui v'nait souvent avec
toé, icitte... T'sais le grand noir, là, qui fait
d'la peinture pis qui sent toujours le varsol.

SERGE — Robert! *(En riant.)* «Pas lui! Ça se peut
pas!»

LUCIENNE — C'est ton ami, Robert.

SERGE — J'le savais.

LUCIENNE — Popa m'a vue su'a rue, l'aut'jour,
hein?

SERGE — Ouan.

LUCIENNE — Maudite marde... Que c'est qui te
fait rire de même...

SERGE — T'es mariée avec un Bob, t'as un fils
qui s'appelle Bobby, pis y fallait que tu tombes
sur un chum qui s'appelle Robert!

LUCIENNE — C'est ça, dévire donc toute en ridicule!

DENISE — Si j'me r'tenais pas, j'te violerais dret là!

SERGE — R'tiens-toé.

DENISE — Après trois mois! Quand j'rêve à toé toutes les nuits!

SERGE — Ah, Denise, prends donc des pinottes, là...

LUCIENNE — C'est toute c'que tu trouves à dire?

SERGE — J'm'en sacre de tes histoires de cul, moé! Couche avec qui c'que tu veux, pis si ça te dégèle un peu, tant mieux!

LUCIENNE — C'est pas une histoire de cul, tu sauras! C'est sérieux!

SERGE — Voyons donc! Ouvre-toé les yeux un peu! C'est sa spécialité, à Robert, de coucher avec des femmes qui ont l'air de sa mère! Prends surtout pas ça au sérieux! Prends ton fun, pis quand ça s'ra fini, sacre-lé là, c'est toute! Fais-moé pas une tragédie grecque à soir, j'ai pas le goût.

DENISE et MONIQUE — T'arrives de chez l'Anglaise?

LUCIENNE — J'endurerai pas que tu me parles sus c'te ton-là! C'est moé qui t'as élevé, pis...

SERGE — On r'commencera pas c'te numéro-là, veux-tu? Si tu m'as faite venir icitte, c'est parce que t'avais envie de parler à quelqu'un, n'importe qui, pis c'est pas parce que tu m'as élevé que...

LUCIENNE — Mais oui, mais j'sais pus quoi faire, moé!

SERGE — T'es donc de mauvaise foi! Toé, la forte d'la famille! Toé, la réfléchie, l'arrivée! Tu sais pas quoi faire! T'as pas envie de me faire accroire que tu veux toute sacrer là pour Robert, voyons donc! Tu laisseras jamais tout c'que t'as pour aller t'enterrer dans un sous-sol avec un gars qui sent la peinture, j'te connais! T'as marié un docteur, Anglais par-dessus le marché; t'as une belle maison de soixante mille piasses à Cartierville, un magnifique garçon qui commence déjà à mettre les p'tites voisines enceintes; pis deux jumelles de treize ans qui refusent catégoriquement d'apprendre le français parce que leur père parle rien qu'anglais! Tu laisseras jamais tout ça voyons donc, Lucienne, t'aimes ben que trop ça!

DENISE — Est-tu toujours aussi malheureuse, avec tout son argent, l'Anglaise?

MONIQUE — À l'a-tu toujours ses problèmes de femme riche?

DENISE et MONIQUE —À l'a-tu réussi à faire pitié?

NICOLE, *très lentement* — Vas-tu r'venir rester avec moé?

Serge se jette dans les bras de Nicole. Ils s'étreignent très longtemps.

SERGE — Oui... oui... oui!

NICOLE — J'me sus tellement ennuyée.

SERGE — Moé-si...

DENISE — Veux-tu prendre une douche, sexy ?
Tu te promèneras en canneçons, après, pis le
cœur va me rester poigné dans'graisse !

LUCIENNE — J'pensais que tu m'aiderais à penser, un peu. Mais non, au lieu de m'aider, tu
ris de moé !

Nicole et Serge se séparent.

DENISE — Bon, assez de folleries, là, à table !
Passons aux choses sérieuses ! Mangeons, mon
tit-frère, mangeons ! J'm'en viens assez cochonne, en vieillissant, ça se peut quasiment pas !

SERGE — Gaston est pas là ?

DENISE — Son bowling, chéri, as-tu oublié son
bowling ? Mon avenir dépend toujours de ses
dalos, cher, ça fait quinze ans que ça dure ! J't'ai
faite des patates pilées, pis des patates au four...
que c'est que t'aimes mieux ?

SERGE — J'ai pas faim, j'ai déjà mangé chez popa.

DENISE — T'arais dû attendre de manger icitte,
est pus capable de faire à manger, la tante Albertine. La dernière fois que j'ai été manger
chez popa j'ai été obligée de me battre avec le
roastbeef.

LUCIENNE — Écoute-moé, un peu !

DENISE — C'est-tu ça que t'as mangé, un roastbeef ?

SERGE — Oui...

DENISE — Pis t'as pas été obligé de te battre
avec ?

SERGE — Ben oui...

DENISE — Tu vois...

SERGE — ...mais c'est pas grave...

DENISE — Comment ça, c'est pas grave! Tu trouves pas ça important, toé, manger!

MONIQUE — Mes peurs m'ont repris pendant que t'étais parti, Serge... J'pensais ben que c'était fini pour toujours, pourtant...

SERGE — L'as-tu dit, à ton mari?

MONIQUE — J'l'ai pas dit à personne! J'ai pas envie qu'y m'enferment!

SERGE — Y t'enfermeront pas...

MONIQUE — Tu penses ça, toé! Y me guettent assez! Quand chus pas ben, des fois, le matin, tu devrais leur voir la face! Y'attendent rien que ça! Y'attendent rien que ça, que j'craque, hein, mais j'leu'f'rai pas c'te plaisir-là!

SERGE — Si tu mettais ta belle-mère à'porte, aussi, ça règlerait ben des problèmes. Ça fait cent fois que j'te le dis!

LUCIENNE — J'veux que tu m'écoutes!

DENISE — Même pas une p'tite tranche ben rôtie, là? Le dessus, comme t'aimes... Non? Çartain?

N° 4   QUATUOR

LUCIENNE — C'est vrai que j'ai toute c'que j'ai toujours rêvé d'avoir. J'm'étais dit que j'finirais pas comme notre mère, tout nue dans'rue, pis j'me sus t'arrangée pour...

SERGE — «The Story of My Life» qui recommence.

MONIQUE — À l'a-tu encore craché su moman, l'Anglaise?

LUCIENNE — J'voulais pas me marier avec un p'tit crotté de Canadien français qui me donnerait des enfants complexés, non, j'voyais plus haut, pis plus loin que ça! J'ai voulu être du bon côté d'la clôture, du côté de l'argent, pis c'est là que chus!

DENISE — Se plaindre le ventre plein de même, c'est quasiment indécent!

LUCIENNE — Je l'ai voulu, mon Anglais successful, ben je l'ai! J'ai sorti avec Bob pendant huit ans avant de le marier...

SERGE — Ben oui, ben oui, on sait tout ça...

LUCIENNE — J'm'étais mis dans'tête que c'est lui que j'marierais, pis c'est lui que j'ai marié. Fallait qu'on attende qu'y'aye fini ses études, pis qu'y soye installé dans son bureau? On a attendu!

DENISE — C't'effrayant comme à radote, depuis quequ'temps... A doit avoir rien que ça à faire...

LUCIENNE — Quand on sortait, c'est moé qui payais, parce que c'est moé qui travaillais. Mais ça me faisait rien, j'savais que Bob me remettrait toute ça, un jour! Pis qu'y m'en remettrait encore plus! Parce que j'savais qu'y finirait par faire d'la grosse argent!

SERGE — Ben oui, ben oui...

LUCIENNE — My God, ça, pour en faire, y'en fait! Après, j'ai voulu deux enfants, on n'a eu trois. La seule p'tite erreur dans toute notre vie. Au lieu d'avoir rien qu'un bebé, la deuxième fois, y'en avait deux!

MONIQUE — Ses deux jumelles sont-tu toujours aussi narveuses?

DENISE — As-tu vu ses p'tits monstres?

LUCIENNE — Tout le reste de notre vie s'est faite comme on l'avait plané.

SERGE et LUCIENNE — On a commencé au bas de l'échelle, pis on a grimpé, barreau, par barreau...

LUCIENNE — Ça nous a pris vingt ans, pis là on est arrivé à réaliser toutes nos rêves! C'est-tu assez fort? Cher tit-gars. Si tu savais! J'ai même pas quarante-cinq ans, encore, pis ma vie est toute réglée comme un horloge. Pis c'est ça que le monde appellent réaliser ses rêves!

DENISE — La dernière fois que je l'ai appelée, à me disait qu'à l'avait l'air d'un horloge, ou quequ'chose de même... Une vraie hystérique...

MONIQUE — Quand j'pense que le monde me disent que chus t'hystérique!

LUCIENNE — Verrat, viens un temps ousque t'as pus rien à faire! Tu restes assis tes grandes journées de temps, pis ta vie se fait tu-seule, sans toé. Pis toé, tu sais pus quoi faire pour t'occuper la tête! T'achètes des affaires pour passer le temps, pis tu les mets dans' cave parce qu'y sont trop grosses... Ou ben donc tu regardes tes enfants grandir... Ben ça m'intéresse pas, moé, de r'garder mes enfants grandir! Chus pas mère poule pour deux cennes, c'est pas de ma faute! Ça m'intéresse pas, les enfants. Ça m'a jamais intéressé.

MONIQUE — Avec le mari qu'à l'a, à pourrait avoir toutes les pelules pour les nerfs qu'à voudrait, pourtant...

LUCIENNE — Des fois, j'me d'mande si j'les aime, ces enfants-là, c'est pas mêlant. De toute façon, eux-autres, y'aiment mieux leu'père. C'est leu'père, le héros qui est parti de rien pour arriver ousqu'y' est là. C'est pas moé! Aie, y me reste... quoi.. vingt-cinq, trente ans, à vivre? Pis j'sais déjà d'avance toute c'qu'y va m'arriver.

SERGE — Ça fait que tu t'es mis à courir les serins, par désœuvrement...

LUCIENNE — Maudit que t'es bête! Maudit que t'es bête! Maudit que t'es bête!

Nº 5   OCTUOR

SERGE — Écoute, ça fait combien de fois que tu me le fais, c'te numéro-là, Lucienne? Ça fait combien de fois que tu me fais venir icitte en me disant que t'as quequ'chose de ben important à me dire, pis que tu finis en te lamentant, pis en me contant comment c'que ta vie est plate, hein? Trouve-toé quequ'chose à faire, si tu trouves le temps long! R'marque que t'en as trouvé quequ'chose à faire là... Mais c'est certainement pas en couchant avec mon chum Robert que tu vas arranger les affaires! C'est le gars le plus dull que j'connais!

GILBERTE   —   Moé, j'en reviens pas...

SERGE — Pis j'espère que t'as pas envie de me dire que tu l'aimes, hein?

GILBERTE   —   ...une fille si distinguée!

SERGE — Fourre à plein cul avec si tu veux, mais laisse faire les fleurs bleues!

LUCIENNE — J't'ai déjà dit que j'voulais pas entendre ces mots-là dans ma maison!

SERGE — Tiens, la femme du docteur qui remonte à la surface...

CHARLOTTE — La femme d'un docteur...

ARMAND — Mais ousqu'à l'a la tête, veux-tu ben me dire?

SERGE, *en riant* — Ça...

MONIQUE — La dernière fois que j'ai été voir Bob, y'a quasiment ri de moé. Y m'a dit de prendre ma drogue pis de pus penser à rien.

SERGE — Va en voir un autre...

GILBERTE — Ça doit être pour ça qu'à nous téléphonait pus. À devait avoir honte. Ton père a quasiment vieilli de dix ans depuis qu'y l'a vue avec c'te p'tit morveux-là. Quand on est une dame, comme elle, on se respecte un peu, bonyeu!

ARMAND — J'peux pas croire qu'à va tout gâcher sa vie pour si peu. À l'a tant travaillé.

SERGE — Aie donc pas peur, popa. *(Plus fort.)* J'te dis de pas t'inquiéter pour rien!

ARMAND — Vas-tu aller la voir?

SERGE — Ça arrangerait rien pantoute...

ARMAND — Mais oui, mais moé j'peux pas y parler, à m'écoute pas. À m'a toujours pris pour un gros épais. Toé, au moins, à t'écouterait.

CHARLOTTE — Me semble qu'à l'aurait dû penser qu'en faisant ça avec un de tes amis, que tu finirais par le savoir!

DENISE — Sais-tu c'que tu devrais faire, mon tit-frère? Tu devrais v'nir rester avec nous autres. Ça l'a pas de bon sens. R'garde toé! t'es maigre comme un clou cassé! À te nourrit pas, ta p'tite sœur adorée? Ou ben donc c'est-tu les Français qui t'ont faite crever de faim? Y'a le grand salon double, là, en avant, qui fait rien. On te dérangerait pas, t'sais. T'arais ta vie à toé. T'arais pas de besoin de t'occuper de nous autres. Pis moé, ben... j'te gâterais...

SERGE — Cré Denise, va. En as-tu parlé à Gaston, de c'te projet-là?

DENISE, *en riant* — Gaston? Qui, ça, Gaston?

LUCIENNE — J'pense que j'ai le droit à un peu de respect dans ma propre maison!

DENISE — Comme si y'avait déjà pris une seule décision dans sa vie, Gaston!

NICOLE — T'es venu me voir en dernier...

GILBERTE — C'est pas bon, trop d'émotions, pour ton père... Le cœur... Ça pardonne pas.

CHARLOTTE — Ça pardonne pas, le cœur...

NICOLE — S'cuse-moé. C'est niaiseux, c'que j'viens de te dire là. Chus pas pour commencer à te faire des reproches, tu viens juste d'arriver... Ben... ôte ton manteau.

DENISE — Comme ça, j'vas t'être obligée de toute manger ça tu-seule, c'te p'tit roastbeef-là? Mais tu vas m'accompagner dans le dessert, par exemple, hein? Une bonne p'tite pointe de tarte à'farlouche...

SERGE — Tu sais par où me prendre, hein?

DENISE — You bet!

NICOLE — Pis au fond, j'le sais pourquoi t'es v'nu icitte en dernier...

Serge sourit à Nicole.

CHARLOTTE — Y'a Nicole, aussi, qui nous inquiète ben gros...

SERGE — Y'a pas grand'chose qui vous inquiète pas, ma tante...

GILBERTE — C'est naturel qu'on se fasse du trouble pour vous autres... Depuis que la mère est partie, c'est nous autres...

SERGE — Ça fait dix ans de ça, ma tante! J'ai pus quinze ans, là, j'en ai vingt-cinq! Pis chus le plus jeune d'la famille! On est toutes assez vieux pour s'occuper de nos propres affaires!

CHARLOTTE — Si on peut pus parler, astheur...

GILBERTE — Parle-moé pas de même... T'as pas le droit de me parler de même!

MONIQUE — T'sais que t'as envoyé toutes tes cartes postales à la mauvaise adresse, hein? C'est madame Proulx, en bas, qui les recevait. C't'agréable, d'abord, de savoir que ta voisine d'en bas va avoir des nouvelles de ton propre frère avant toé!

NICOLE — C'est drôle, parce que j'ai justement reçu ta dernière lettre, à matin...

DENISE — Une chance que tu m'as pas écrit de grandes lettres, parce que ça me prenait trois jours pour déchiffrer tes cartes postales!

SERGE — Celle où j'te disais que j'm'étais enfin décidé à mettre les pieds au Louvre après trois mois?

NICOLE— Non... Ah! ben non, je l'ai pas encore reçue, celle-là...

DENISE — En parlant de cartes postales... La série de ponts, là, c'est-tu dans la ville ou ben donc tout le tour, comme les ponts, icitte, à Montréal?

SERGE — C'est en plein milieu de la ville...

DENISE — Tabarname! C'est Gaston qui avait raison!

NICOLE — Ça veut dire qu'y m'en reste encore une autre à recevoir. C'est le fun, ça... On va la lire ensemble...

MONIQUE — Ça m'a pris assez de temps pour trouver la Grèce sur la carte du monde! Sont ben p'tits, les pays, dans c'te boutte-là, donc!

ARMAND — J'ai un de ces mals de tête... As-tu des frosts, Gilberte?

GILBERTE — J'aime assez pas ça quand y'a mal à'tête, de même!

CHARLOTTE — Ça fait trois jours de suite, là... Ça doit être ton arrivée qui l'énervait...

SERGE, *très fort* — Ça va pas mieux? Tes oreilles, ça va pas mieux?

ARMAND — Parle pas de ça... Laisse faire ça. Laisse faire.

DENISE — Comme ça, Paris, c'est pas dans une île...

MONIQUE — J'ai téléphoné à'maison, hier. C'est ma tante Charlotte qui m'a répond. J'pensais que c'tait hier que t'arrivais... Sont-tu assez déprimantes? J't'assez tannée des entendre parler de leurs maladies!

LUCIENNE — Ben, dis quequ'chose!

SERGE — T'as vingt ans de plus que moé, j'ai pas de conseils à te donner!

NICOLE — On dirait... On dirait que j'sors d'un mauvais rêve. Ou ben donc que j'ai été enfermée quequ'part pendant des années, sans voir personne. Avant que tu partes, on s'était dit qu'on réfléchirait tou'es deux pendant ton voyage, mais aussitôt que t'as eu mis le pied dans l'avion, j'me sus rendue compte que c'était toute réfléchi d'avance. J't'aime... Pis chus prête à faire place à tous les... problèmes. Si y faut qu'on reste caché toute notre vie, on restera caché, c'est toute. Ah, pis peut-être qu'un moment donné on n'aura pus besoin de se cacher comme des malfaiteurs... C'est notre vie à nous autres. On n'a pas d'affaire à se la laisser gâcher par les autres! *(Silence.)* J'me levais, le matin... ta place était vide, à côté de moé... pis j'me disais: «Ça peut pas toujours durer comme ça... J's'rais pas capable!»

SERGE — Moé non plus j's'rais pas capable...

NICOLE — Quand ta première lettre est arrivée pis que tu me disais que tu t'ennuyais, j'ai pleuré pendant deux jours, j'pense...

SERGE — C'est moé qui as voulu partir... pis j'l'ai ben regretté.

LUCIENNE — Ça fait trois mois qu'on s'est pas vu, pis tu regardes la télévision!

SERGE — Chus pas pour te décrire Paris, t'as jamais voulu y aller parce que t'haïs trop les Français!

LUCIENNE — C'est pas de ça que j'veux qu'on parle, non plus...

SERGE — Tes amours m'intéressent pas, j'te l'ai déjà dit.

LUCIENNE — J'avais pensé à quelqu'chose...

SERGE — T'as toujours ben pas envie de me mêler à ça, toé!

LUCIENNE — My God... Écoute... T'es pas pour rester chez Nicole tout le temps... Ça a pas de bon sens, le monde commencent à jaser... Pis quand j'dis le monde, je veux dire la famille, surtout... Pis si jamais ça sortait d'la famille... Tu vois d'icitte le drame que ça f'rait... J'avais pensé... Si... M'écoutes-tu, là! Éteins-là, c'te télévision-là, j'vais la défoncer! Si j'te louais un appartement, à quequ'part, près du Carré Saint-Louis, par exemple... J'en ai visité des beaux... Si j'en louais un ousque tu pourrais vivre tranquille, pis travailler... pis que tu nous laisserais venir, de temps en temps, moé pis Robert...

N° 8   SOLO

ARMAND — Tout c'que j'demandais, pendant ma vieillesse, c'est d'être tranquille! Tranquille! Y me semble que j'ai assez travaillé dans ma vie pour mériter une vieillesse en paix! J'ai mérité une belle vieillesse! (*Silence.*) Je l'ai méritée! (*Silence.*) Excusez-moé...

No 9   DUO (finale en trio)

GILBERTE — Ma tante est pus capable... Que c'est que tu veux, trop, c'est trop...

CHARLOTTE — T'arais pas deux piasses à passer à ma tante ?

GILBERTE — Chus pus capable de l'endurer, elle ! Va ben falloir que ça finisse par finir, un jour !

CHARLOTTE — Juste deux piasses, pas plus...

GILBERTE — Pognée icitte à'journée longue avec... avec ton père qui est de plus en plus sourd, pis qu'y se rend pas compte de c'qui se passe... Ah, c'est pas que j'l'aime pas, c'est mon frère, mais y'est malade, lui avec, pis y fait pas attention...

CHARLOTTE — C'est parce que ma tante a pas encore reçu son chèque.

GILBERTE — Pis elle ! Elle ! Vous allez la trouver avec un poignard dans le dos, un de ces bons matins, pis vous allez savoir qui c'est qui a faite le meurtre !

CHARLOTTE — C'est-tu ma tante Gilberte qui t'a dit de rien me donner ?

GILBERTE — Ça fait cinq ans, cinq ans, Serge, que chus t'enfarmée dans c'te maison-là avec eux-autres !

CHARLOTTE — Écoute-la pas. A veut me faire passer pour une voleuse !

GILBERTE — Ça fait cinq ans que chus pas sortie d'la maison, le cré-tu ? C'est vrai ! J'sais même pas ousqu'y'est, le métro ! J's'rais même pus capable de me rendre à l'église, au coin d'la rue, sans me pardre, viarge! Moé-si j't'aussi malade qu'elle, pour que c'est faire qu'y faut toujours que ça soye moé qui sarve, hein?

CHARLOTTE — A veut pas me croire que chus malade. A dit que j'acte.

GILBERTE — Pis coucher dans la même chambre...

CHARLOTTE — Ben chus pas une actrice!

GILBERTE — ...dans le même lit que ta sœur que tu voudrais étrangler, penses-tu que c'est drôle, toé?

CHARLOTTE — J'voudrais ben la voir, elle, à ma place! J'te dis qu'à se farmerait!

GILBERTE — À prend toute la place dans le litte, pis à ronfle comme un troupeau de bœufs, pis à tousse toute la nuitte, pis à se lève cinquante fois pour aller pisser, pis à crache pendant des heures...

CHARLOTTE — À l'appelle tout le monde dans' famille pour se plaindre de moé. À pense peut-être que j'm'en rends pas compte! Chus pas si folle que ça, t'sais! C'est moé qui a la plus grosse pension dans'maison, c'est moé qui donne le plus d'argent, ben qu'y m'endurent!

GILBERTE — Est loadée comme une cochonne à part de t'ça! À reçoit ses trois chèques au commencement du mois, pis trois jours après y reste pus une cenne, à dépense toute en pelules! J'te dis qu'y doivent l'aimer, à pharmacie! À doit les faire vivre à elle tu-seule! Quand le temps des fêtes arrive, j'ai toujours l'impression qu'y vont y'envoyer un cadeau de Noël, c'est pas mêlant !

CHARLOTTE — C'est peut-être pas ben fin à dire, Serge, mais ton père non plus y'est pas ben fin avec ma tante...

GILBERTE — À prend tellement de médicaments que des fois j'ai l'impression qu'est dans le coma !

CHARLOTTE — Y prend toujours pour elle ! Sont toujours contre moé ! J'sais pas c'qu'à y conte, mais y'est toujours après me dire des bêtises. Pis j'les entends jamais se parler ! J'les entendrais, y faut y crier par la tête, à lui, pour qu'y comprenne ! Pour moé, à y'écrit !

GILBERTE — Des fois, j'la trouve à terre... oui, oui, à terre à côté du litte... droguée ! Chus pas capable d'la lever, chus trop faible. Pis des fois ton père est parti faire son tour à taverne, ça fait que j'la laisse là tant qu'y'est pas rev'nu. À se lamente, pis à se plaint, pis à me crie des bêtises, mais que c'est que tu veux, chus pas pour aller me donner un tour de rein pour la r'lever !

CHARLOTTE — À chaque fois que j'prends une pelule, chus t'obligée de r'garder comme faut, pour voir, des fois, si à l'arait pas mélangé les bouteilles par exiprès...

GILBERTE — T'arais jamais dû me laisser tu-seule avec eux-autres, Serge ! Quand t'étais là, tu pouvais y parler, à elle, au moins, à t'écoutais... Mais moé...

CHARLOTTE — Si ma tante te promettait de te donner un p'tit peu d'argent chaque mois, tu m'emmènerais-tu rester avec toé ?

SERGE — Ah, oui, c'est ben beau, Paris !

SERGE — Chus v'nu icitte parce que tu m'as invité, Lucienne !

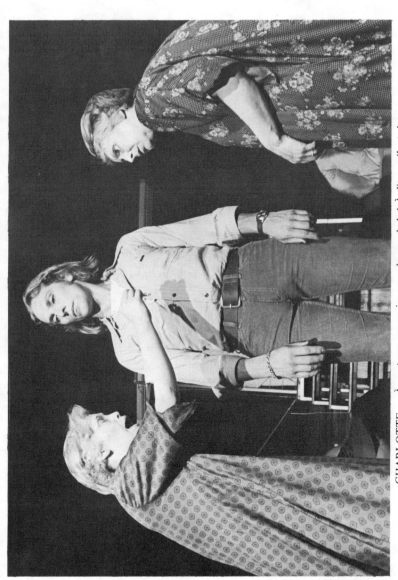

CHARLOTTE — À veut pas me croire que chus malade ! À dit que j'acte !

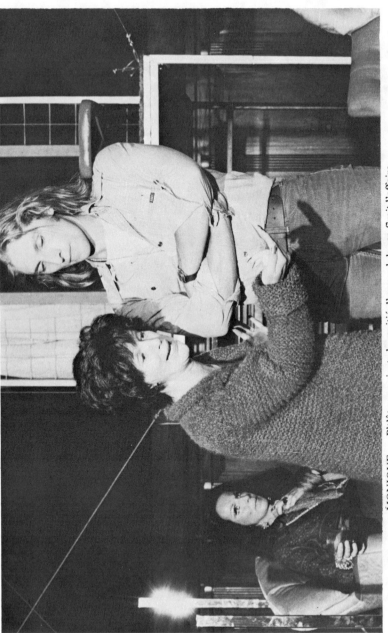

MONIQUE — P't'être que juste la moitié d'une pelule, ça f'rait l'affaire...

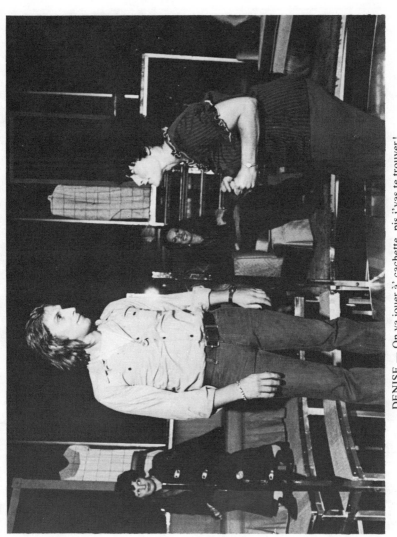

DENISE — On va jouer à' cachette, pis j'vas te trouver!

LUCIENNE, DENISE et MONIQUE — T'en rappelles-tu?

ARMAND — Y faut... que j'te r'mercie de quequ'chose...

SERGE — On va s'aider à vivre, tou'es deux, pis on va vieillir ensemble…

GILBERTE — Non, va falloir que ça change. Trois malades, tu-seuls dans une maison, ça marche pas... Va falloir qu'y aye un changement quequ'part. Tes sœurs, on dirait qu'y veulent pus rien savoir de nous autres... Après tout c'qu'on a faite... Ça fait longtemps qu'y nous ont abandonnées comme des vieilles guénilles... Mais toé, tu peux pas nous faire ça... Nicole est capable de rester tu-seule, à fait un bon salaire... Pourquoi tu reviens pas?

CHARLOTTE — J'prendrais pas de place, t'sais! J'frais pas de bruit!

GILBERTE — Si tu reviens pas... C'est mon frère pis ma sœur, mais moé-si j'vas m'en aller. Ça me f'rait ben de la peine pour ton père. Y peut pas rester tu-seul, pis y veut pas qu'on le place...

CHARLOTTE — Juste une p'tite place... Juste une p'tite chambre...

GILBERTE — Ta chambre est là. On y'a jamais touchée. J'ai toujours défendu à ma tante Charlotte de la prendre... parce que j'sais que t'as du cœur...

GILBERTE et CHARLOTTE — Tu vas-tu faire ça, pour ma tante?

SERGE — J'vas y penser, ma tante, j'vas y penser...

GILBERTE — Tu dis pas non, hein?

SERGE — Ben non...

CHARLOTTE — Quand est-ce que tu vas donner une réponse à ma tante?

GILBERTE — Ma tante a ben hâte d'avoir ta réponse...

SERGE — J'pensais jamais que...

LUCIENNE — Que quoi? Que j'descendrais si bas? Sors donc pas tes grands mots pour rien. C'est juste un service que j'te demande! C'est toute. Ça m'éviterait de toujours être obligé de m'inventer des raisons pour sortir...

SERGE — Pis de payer des chambres d'hôtel...

DENISE — Si j'prends une deuxième assiettée de viande, j'espère que ça te scandalisera pas? Tu me connais, hein? Une truie, c't'une truie!

LUCIENNE — Tu me reproches souvent d'être ancienne... J'sais pas qui c'est qui est plus ancien dans nos deux... C'est vrai que toé...

MONIQUE — Si j'prends juste une pelule de plus, là, j'pense que j'vas être correcte... Ah, aie pas peur, j'roulerai pas à terre... J'sais quand m'arrêter! Mais, là, j't'encore un brin nerveuse, ça fait que...

DENISE — J'mange deux fois plus qu'avant, depuis deux mois, j'pense... Pis surtout fais pas de farces plates sur mon poids, j'le sais que j'ai engraissé! Pendant ton voyage, mon p'tit gars, ta sœur Denise est passée du large au extra-large!

MONIQUE — P't'être que même juste la moitié d'une, ça f'rait l'affaire...

LUCIENNE — Ça te scandaliserait, au fond, tout ça, hein?

SERGE — J'aimerais juste pas être celui qui passe en arrière de vous autres pour ramasser votre marde! C'est toute!

DENISE — Pis la prochaine étape...

MONIQUE — Sont commodes, ces pelules-là, r'garde, y'a des marques, dessus... Comme ça tu veux en prendre juste la moitié, ou ben le quart... Mon Dieu, que ça a donc pas l'air de t'intéresser!

LUCIENNE — Tu penses peut-être que c'est plus propre, ton histoire avec Nicole?

DENISE, *au bord des larmes* — Ah, pis laissez-moé donc manger, tout le monde, c'est tout ce qui me reste!

Nº 11   SOLO

LUCIENNE — J'pensais que tu me comprendrais, parce que toé aussi t'es dans une situation un peu spéciale, non? Ouvre pas tes grands yeux de même, cher, tout le monde le sait! Fais pas ton p'tit Lambie pur et blanc, ça pogne pus! Toute la famille fait à semblant de rien voir, mais j'aimerais ben ça savoir que c'est qu'y se disent quand y vont se coucher, le soir! J'ai vu c't'affaire-là v'nir de ben loin, moé, mon p'tit gars, pis j'en ai parlé à popa, y'a ben des années! Mais y'a rien voulu savoir. Y'a faite semblant qu'y comprenait pas c'que j'y disait, comme d'habitude! Pis Denise pis Monique qui trouvaient donc ça cute un p'tit frère pis une p'tite sœur qui s'aiment de même!

My God! J'leu's'ai-tu assez dit que j'trouvais ça malade! Au lieu de casser ça tu-suite, y vous encourageaient, tout le monde! Vous couchiez dans'même chambre, tou'es deux, pis on vous retrouvait toujours dans le même lit, le matin! Quand vous étiez p'tits, ça pouvait toujours aller, mais quand Nicole a eu quinze pis seize ans, pis que toé t'arrivais à l'âge ingrat, c'tait moins drôle, laisse-moé te le dire! Pis y'ont laissé continuer ça pendant des années! Les yeux ben bouchés! Quand on déménageait, y vous fallait votre chambre, à tou'es deux, pis toute! Pis quand Nicole est partie d'la maison, y'a deux ans, j'ai respiré un peu... J'ai pensé que ça s'était passé. Que c'était enfin fini! À l'avait vingt-huit ans, pis toé vingt-trois! Là, c'tait rendu grave rare! Mais vous aviez juste eu une p'tite querelle d'amoureux, j'suppose! Ou ben donc Nicole est allée vous préparer un p'tit nid, hein, c'est ça? Quand j'ai appris que tu t'en allais rester avec elle, y'a un an, que vous osiez sortir ça de la maison, j'ai eu honte, Serge! C'que j'fais, moé, c'est pas malade, Serge! I was so ashamed! C'est vous autres, les malades! Vous avez pas honte, quand vous vous retrouvez face à face? Hein? Ça vous fait rien? Ça vous excite, peut-être? Hein, c'est ça? C'est votre kick? *(Silence.)* J'gage que tu serais même pas capable de bander devant une fille qui serait pas ta sœur!

Nº 12   SOLO

NICOLE — Viens t'asseoir icitte... C'est fou, a-
près trois mois, on dirait que chus gênée. Comme quand on était p'tits, pis que tu revenais
du camp de vacances... Tu t'en rappelles?
Des fois, ça nous prenait une semaine avant
qu'on se parle!

Nº 13   QUINTETTE

LUCIENNE — Tu dis rien. Tu pensais pas que ta
sœur la plus vieille pouvait toute voir ça, hein?
Tu nous as toujours tellement pris pour des
épais, dans'famille!

SERGE — Chus t'en amour avec Nicole. Pis
Nicole est en amour avec moé. C'est toute.

LUCIENNE — My God! Pis tu me dis ça de même... S'rais-tu capable d'aller crier ça dans les
oreilles de popa?

SERGE — Non. J's'rais pas capable. Mais j'aimerais ça. J'arais tellement d'affaires à y dire...

DENISE — Excuse-moé... C'est fou de brailler
de même, hein? Ça sert à rien, pourtant...

SERGE — Popa...

DENISE — Irais-tu chercher la tarte, dans le
frigidaire, mon pit?

SERGE — Popa...

DENISE — Pis apporte le lait avec toé...

ARMAND — Quoi?

SERGE — Si ton appareil est cassé... dis-moé-lé!
(Plus fort.) Ton appareil... si y marche pas

comme faut, j'peux le faire réparer... T'as une garantie...

ARMAND — Non, laisse faire. Laisse faire...

SERGE — Pourquoi? Ça prendrait juste deux-trois jours...

ARMAND — Non... C'est pas l'appareil... c'est moé. Ça me sert pus à rien d'en porter, astheur.

CHARLOTTE — Ma tante voulait te le dire, mais j'savais pas comment... Ton père est allé voir un docteur...

SERGE — Ah, s'il vous plaît, ma tante, mêlez-vous de vos affaires .

ARMAND — J'avais de plus en plus mal au bloc, ça fait que... chus retourné... là-bas. T'sais, celui que j'ai, là, ben y'en n'a pas de plus fort... C'est le plus fort qu'y'existe... C'est ça qu'y m'ont dit... Que c'est que tu veux... Trop forcer pour entendre... c'est pas bon pour moé... chus trop vieux, astheur.

N° 14   QUATUOR

DENISE, *en riant* — La prochaine étape, ça va t'être l'over size! C'est ça que j'me dis quand je r'garde une tarte à'farlouche dans les yeux. Mais que c'est que tu veux, c'est toujours elle qui gagne. Chus t'hypnotisée par la tarte à'farlouche, mon Serge!

SERGE — Ton régime, ça a pas marché? Y me semble que ça allait ben quand chus parti...

DENISE — Faire un régime sans mon tit-frère à côté de moé pour guetter mes calories?

Es-tu fou, toé? Pis à part de t'ça, tu devrais ben savoir que c'te régime-là, j'le suivais juste pour que tu viennes me voir plus souvent... C't'à dire que j'te faisais accroire que j'le suivais, mais aussitôt que tu passais la porte...

SERGE — La tarte à'farlouche?

DENISE — La tarte à'ferlouche!

LUCIENNE — Ça va-tu durer encore ben longtemps, c't'histoire-là, ou ben donc si vous allez finir par comprendre le bon sens?

SERGE — J'ai ben peur que ça dure encore longtemps.

DENISE — J'irais pas jusqu'à dire que c'est bon pour mon ulcère, mais...

SERGE — T'as toujours aussi peur du bistouri?

DENISE — Prononce pas c'te mot-là devant moé, le manger me roule dans'bouche! Ah, y paraîtrait que chus due... Mais si ça dépend rien que de moé, y vont attendre longtemps en tabarname!

LUCIENNE — Pis tu m'avoues ça, de même, tout simplement... j'en reviens pas encore...

SERGE — C'est simple.

DENISE — C'est ben simple, y'a rien que pris ma pression, là, la dernière fois, pis j'me sus t'écrasée là comme un gros tas! Sont obligés de se mettre à six pour me faire une prise de sang! C'tu fou, hein? Imagine-toé, rien qu'à penser que j'pourrais me retrouver un bon matin sur une table d'opération, j'faiblis!

SERGE — Tu s'rais tellement ben, après...

DENISE — J's'rais pas tellement ben après, j'mourrais pendant, verrat! J'me connais! Ah,

69

pis parle-moé d'autre chose, là, mes brûlements me reprennent!

MONIQUE — J'le vois de moins en moins...

SERGE — Hein? Quoi?

MONIQUE — T'es toujours dans'lune quand j'te parle! J'parle de Guy! J'dis que j'le vois de moins en moins.... pis chus ben tannée. Si y m'a faite toutes ces enfants-là pour me sacrer là avec, après, franchement, y'arait pu laisser faire!

SERGE — Un représentant de commerce, ça voyage...

MONIQUE — Serge, franchement! Tu crois encore à ça, toé!

SERGE — Ben quoi... J'le connais quasiment pas, moé, ton mari... Y'a toujours été ben... discret.

MONIQUE — C'est justement, j'commence à en avoir plein le casse, de sa discrétion... Y'était là sur un temps rare quand y s'agissait de me faire des p'tits, mais là... y' est toujours en convention, ou j'sais pus trop quoi, là, y'est jamais icitte, pis y m'a sacré sa mère sur le dos par-dessus le marché! Aie, si c'est ça, la vie, j'aime autant mieux débarquer tu-suite, moé! Non, chus sûre qu'y'a quelqu'un d'autre dans sa vie... Une femme... ou ben donc des femmes...

SERGE — R'commence donc pas avec ça...

MONIQUE — Toé-si! Y'a pas assez d'eux-autres qu'y me disent que j'radote! Sa mère me dit que j'radote, à journée longue... Quand y'arrive, lui, j'peux rien y dire sans qu'y se mette à me crier par la tête que j'radote... Ben j'radote pas! J'sais de quoi j'parle, pis j'commence à avoir mon verrat de voyage! Aie, ça fait cinq ans, cinq ans, mon p'tit gars, que j'me tiens sur les pelules pour les nerfs pour v'nir à boutte de toute endurer ça! Penses-tu que c'est drôle? Penses-tu que c't'une vie, que j'mène? Penses-tu que j'ai envie de finir comme ma tante Charlotte, esclave des tranquillisants? J'avais hâte que tu reviennes... J'pensais que tu m'apporterais un peu... un peu de réconfort. Mais j'pense que chus t'aussi ben de pus rien demander à parsonne. C'est la première chose qu'on devrait apprendre, ça, dans la vie, jamais rien demander à parsonne!

N° 16 **QUATUOR**

LUCIENNE — Pis si ça se découvre, un jour, que c'est qu'on va avoir l'air nous autres, hein?

SERGE — Pis toé, si ton histoire se découvre, tu penses que ça va être plus propre?

MONIQUE — J'le sais que chus déprimante, mais penses-tu que j'aimerais pas mieux être autrement? J'ai toujours été paquet de nerfs, pis j'le s'rai toujours. Si j'arais eu un mari pour prendre soin de moé, j'arais été correcte, mais non, y fallait que j'tombe sus un spring! Avant, tu v'nais me voir, de temps en temps... Tu me parlais... Astheur, on dirait que t'as pus rien à me dire... Tu rentres icitte, tu t'assois à côté de moé, pis tu regardes dans le fond de ta tasse de café. Chus-tu si plate que ça?

SERGE — Quand j'viens te voir, des fois, t'es pas tellement en état de me parler...

MONIQUE — Bon, c'est ça, des reproches, astheur! C'est le docteur, le mari de notre propre sœur que me les prescrit, ces pelules-là, y faut ben que j'les prenne!

DENISE — Si tu v'nais t'installer icitte, comme j'te l'ai offert, peut-être que j'en suivrais un pour vrai, un régime...

SERGE — Des promesses, hein, des promesses. N'importe quoi!

MONIQUE — Des fois, j'ai assez envie de tout sacrer ça là! La belle-mère, les enfants, la maison... J's'rais-tu ben!

SERGE — Que c'est que tu f'rais...

Nº 17   SOLO

MONIQUE — J'irais cogner chez vous, vous demander l'hospitalité, à toé pis Nicole... J'ai failli le faire, pendant que t'étais en Europe... Ou plutôt, je l'ai faite... Chus partie d'icitte, au beau milieu du programme de Claude Blanchard, un bon soir, pis j'ai été voir Nicole. À va ben t'en parler quand tu vas la voir... J'ai couché chez vous, pis chus r'venue le lendemain matin... Ou plutôt, Nicole m'a mis à la porte. Ah, ben gentiment, tu sais comment c'qu'à l'est... À m'a faite comprendre que mon devoir m'attendait icitte, pis chus sûre qu'à croyait pas un mot de c'qu'à disait... À savait pas quoi faire pour se débarrasser de moé, j'suppose... Une autre... Maudit! Ah, pis de toute façon, j'avais oublié mes pelules, pis j'avais pas dormi d'la nuit...

N° 18   TRIO

DENISE, *riant* — Ben pourquoi c'qu'y'en arait rien qu'une qui profiterait de toé, hein? T'as quatre sœurs, t'en n'as pas rien qu'une! Pis y'en a au moins une, la plus grosse, la plus ragoûtante, qui s'rait prête à te faire des affaires...

SERGE — Vous m'avez assez barouetté quand j'tais p'tit, astheur, c'est moé qui décide!

LUCIENNE — C'est ben de valeur, mais vous vous en sortirez pas de même!

SERGE — Denise, s'il vous plaît, pas de séance de chatouillage, chus pus un bébé!

DENISE — Ça fait trois mois que j't'ai pas vu, mosusse de vinyenne, laisse-moé avoir mon fun un peu...

SERGE — Arrête, sans ça j'm'en vas!

DENISE — Mon Dieu... Tu t'en viens ben stuck-up! C'est-tu les vieux pays qu'y m'ont changé mon p'tit Serge de même? Cor-

73

rect, correct, à partir d'asteur m'as t'admirer de loin. Tu me donneras ton portrait, pis j'le mettrai su'a télévision... Mon Dieu!

LUCIENNE — C'est moé la plus vieille, pis chus responsable de vous autres.

SERGE — Que c'est que tu pourrais faire... Aller conter ça à popa? Ça le tuerait.

LUCIENNE — Pis si y'apprend ça de quelqu'un d'autre, hein?

SERGE — Y l'apprendra pas si tu farmes ta grande boîte. Laisse-lé donc tranquille, c'est tout c'qu'y demande. Pis venge-toé donc pas de moé parce que j'refuse d'ouvrir un bordel pour tes ébats amoureux!

DENISE — Veux-tu que j'te dise vous? Hein? Veux-tu que j't'envoye un faire-part quand j'vas avoir envie d'te voir? Hein?

SERGE — Denise, t'es fatiguante!

DENISE — Mmmmmh... T'es beau quand t'es choqué! Le poil en dessous des bras est après se r'dresser d'excitation...

SERGE, *en riant* — J'veux pus que tu fasses des farces de même... On est pus des enfants...

DENISE — Un bec, un bec, un bec, un bec!

SERGE — Tu me chatouilles! Bon!

DENISE — J'me rappelais pus de ton parfum! J'vas pardre sans connaissance!

SERGE — J'm'en vas...

DENISE — Succombe! Succombe! On va jouer à'cachette, pis j'vas te trouver!

SERGE — Bon! C'est ridicule, ça! Arrête! On a l'air de deux vrais fous!

DENISE — Parsonne nous voit!

SERGE — Denise !

DENISE — Correct d'abord, j'vas retourner à' tarte à'farlouche !

SERGE — Oufff... J'ai assez chaud... Tu me fais peur, des fois...

DENISE — Ben voyons donc... c'est juste des farces...

Nº 19   QUATUOR

NICOLE — T'as l'air à moitié mort... On devrait se coucher.

DENISE — C'est juste des farces...

MONIQUE — J'toute étourdie, tout d'un coup... Pour moé, sont trop fortes, ces pelules-là...

LUCIENNE — J'dirai rien à popa... mais Denise pis Monique le prendraient ben mal, j'pense...

Nº 20   TRIO

ARMAND — Serge... J'ai quequ'chose à te dire...

GILBERTE — Ma tante est ben tannée de r'garder la télévision à'journée longue...

ARMAND — On s'est jamais ben ben parlé tou'es deux...

GILBERTE — C'est toujours pareil...

ARMAND — J'entends pas... pis de toute façon, j'arais été trop gêné...

CHARLOTTE — Ma tante a d'la misère à se tenir deboutte, pis parsonne me cré...

ARMAND — Quand y s'agit de régler le sort du monde, à'taverne, chus là, mais pour parler à mes enfants... ça d'mande... J'sais pas, mais y m'semble que ça demande quequ'chose que j'ai jamais eu...

GILBERTE — Toujours pareil...

ARMAND — J'ai pas été élevé pour ça, j'suppose...

GILBERTE — Toujours pareil...

ARMAND — J'ai toujours été gêné avec vous autres, pis j'pense que j'vous ai gênés avec ça...

GILBERTE — Même leu'vues sont plates, j'les ai toutes vues!

ARMAND — Mais y'a une affaire qu'y faut que j'te dise...

CHARLOTTE — Y veulent me tuer pour toucher mes assurances...

ARMAND — Même si c'est ben dur...

CHARLOTTE — ...c'est ça qu'y veulent...

ARMAND — Y faut... que j'te r'mercie de quequ'chose...

CHARLOTTE — C'est vrai! Ma tante à le sait!

ARMAND — J'voulais te le dire avant que tu partes, mais j'ai pas été capable...

CHARLOTTE — Ben y m'auront pas de même...

ARMAND — Pis ça me prend tout mon p'tit change pour te parler, à soir...

GILBERTE — Y'a pas une vue que j'ai pas vue, y'a jamais rien de neuf...

ARMAND — Tu t'en rappelles, quand vous vous êtes mis toute la famille ensemble pour m'acheter mon premier appareil...

GILBERTE — Tant qu'à ça, quand t'es t'assis devant de dix heures le matin à minuit le soir...

ARMAND — Ça fait sept-huit ans de ça...

GILBERTE — Tu viens que t'as tout vu...

ARMAND — J'avais jamais voulu en parler, avant, j'étais trop orgueilleux...

CHARLOTTE — J'vas toute les enterrer, toute la gang !

ARMAND — Pis quand j'ai passé les soixante ans, pis que j'ai vu la pension arriver, pis que j'ai pardu ma job, j'ai fini par plier en me disant qu'y me restait rien que ça, dans'vie, essayer d'entendre les autres...

CHARLOTTE — Y risent de moé, mais tu vas voir, toute la gang, m'as toute les enterrer un après l'autre...

ARMAND — Ben... J'sais pas comment te décrire ça...

GILBERTE — Pis y'a trop de programmes comiques, j'aime pas ça !

ARMAND — T'sais, la journée que j'ai eu mon appareil, j'ai eu ben peur, au commencement, pis ça m'a donné ben gros mal à'tête, parce que ça faisait quarante ans que j'entendais quasiment rien...

GILBERTE — Y me font pas rire avec leurs folleries...

ARMAND — ...juste les sirènes, ou ben donc j'sentais juste les vibrations sur le plancher...

GILBERTE — Sont pas drôles pantoute...

ARMAND — Quand chus r'venu à'maison, pis que j'ai... que j'ai entendu vos voix, tu peux pas savoir c'que ça m'a faite...

CHARLOTTE — Ma tante Gilberte a fait juste parler de contre moé, hein, ben le bon Dieu va la punir...

ARMAND — J'connaissais pas vos voix, vous autres, mes enfants...

CHARLOTTE — ...pis quand j'vas la trouver écrasée à terre, j'lèverai pas le p'tit doigt pour l'aider.

ARMAND — C'tait la première fois de ma vie que j'vous entendais...

CHARLOTTE — À va voir, là, comment c'qu'on se sent...

ARMAND — Pis c't'après-midi-là, Serge, tu m'a faite le plus beau cadeau, peut-être sans t'en rendre compte...

CHARLOTTE — ...pis j'vas la laisser mourir là !

ARMAND — T'en rappelles-tu de c'que t'as faite ?

CHARLOTTE — Tant pire pour elle !

ARMAND — Nicole v'nait juste de s'acheter son stéro...

GILBERTE — C'est comme les commerciaux...

ARMAND — ...tu m'as emmené dans le salon... tu m'as assis dans mon fauteuil...

GILBERTE — Y'essayent de nous faire accroire toutes sortes de niaiseries, là...

ARMAND — ...pis tu m'as dit...

GILBERTE — Y nous prennent pour des épais...

ARMAND — « Écoute ben ça, popa ! »

GILBERTE — C'est vrai ! Voir si tout c'qu'y disent est vrai ! Voyons donc !

ARMAND — Pis t'as mis un record sur le pick-up...

CHARLOTTE — J'vas être assez contente d'la voir crever!

ARMAND — J'sais pas c'que c'était, j'connais pas ça, la musique, mais...

CHARLOTTE — Pis tou'es autres avec!

ARMAND — Ça faisait quarante ans, Serge, que j'avais pas entendu de musique!

GILBERTE — Arrête donc de critiquer, Charlotte! Est de même à'journée longue!

ARMAND — Tout c'que j'entendais c'tait la grosse caisse des fanfares... Pis...

CHARLOTTE — Pis toé, avec tes maudites lamentations...

ARMAND — Pis d'entendre les violons, Serge, d'entendre les violons... c'tait comme si... j'avais été au ciel, maudit!

CHARLOTTE — J'ai assez hâte que tu t'la farmes pour de bon!

ARMAND — C'est le plus beau cadeau... Le plus beau cadeau de toute ma vie...

GILBERTE — Pis moé astheur, tu penses que chus pas tannée de t'entendre! Des fois j'envie assez Armand d'être sourd!

ARMAND — Tu pourras dire... que ton vieux père t'aura parlé, une fois, dans sa vie...

NICOLE — Prends une bonne douche avant de te coucher, ça va te faire du bien...

MONIQUE — Peut-être que ça me f'rait du bien, si j'm'étendrais, un peu... Viens, on va aller dans ma chambre...

NICOLE — Dors comme faut pis on reparlera de tout ça, demain... C't'à dire qu'on n'a pas parlé pantoute à soir, mais on essayera, demain... J'ai dit que j'irais pas travailler, au bureau.

MONIQUE — Quand t'es là, on dirait que c'est moins pire... On dirait que j'respire mieux... Ôte ton chandail, y fait chaud c't'effrayant...

DENISE — Y'a des affaires qu'y faut que tu comprennes aussi... Si j'fais la folle, de même, avec toé...

LUCIENNE — T'étais si fin, avant, Serge... Si fin...

MONIQUE — Tu peux ôter ta chemise, aussi... Ben voyons, t'es toujours ben pas gêné devant moé, franchement !

LUCIENNE — J'veux dire... quand t'étais tout p'tit, pis que... pis que tu m'écoutais.

MONIQUE et LUCIENNE — J't'ai vu v'nir au monde, pis grandir, pis toute...

DENISE — J'aime tellement ça avoir du fun... Pis à chaque fois que j'rouvre la bouche, astheur...

LUCIENNE — Tu t'en rappelles, tu faisais toute c'que j'voulais...

MONIQUE — Aie pas peur, j'te violerai pas...

DENISE — J'pense que t'es le seul à pas avoir honte de moé...

LUCIENNE — Des fois... tu m'appelais ta deuxième moman... Ben, ça choquait moman, mais c'tait un p'tit peu vrai...

MONIQUE — J'vas juste te regarder... As-tu déjà remarqué comment c'que j'te r'garde, quand on va se baigner, l'été, avec les enfants?

DENISE — C'est rendu...

MONIQUE — Ça coûte rien, regarder...

DENISE — C'est rendu que même...

MONIQUE — Pis t'es tellement plus excitant à r'garder que mon paquet d'os de mari...

DENISE — C'est rendu que même Gaston a honte de moé...

MONIQUE — Ça fait trois mois qu'on s'est pas vu, tu pourrais me faire c'te plaisir-là!

DENISE — C'est pas des farces... Y paraît que chus vulgaire, imagine-toé donc!

LUCIENNE — Ta deuxième moman... Hein? T'en rappelles-tu?

MONIQUE — T'en rappelles-tu quand j'te donnais ton bain, quand t'étais p'tit? C'tait toujours moé qui te donnais ton bain. Denise te sortait, Lucienne fournissait l'argent pour t'habiller, pis te bourrer de bonbons pis de chocolat, moé j'te décrottais, après, pis Nicole, elle... Nicole, à nous piquait des crises parce qu'on y'enlevait son p'tit frère adoré... Est-tait assez cute, elle avec... Aie, te rappelles-tu quand j'vous faisais prendre votre bain ensemble, hein?

LUCIENNE — j't'ai élevé autant qu'elle, j'avais vingt ans quand t'es venu au monde... Aie, c'est moé qui t'habillais, t'sais, avec mon argent. Pis j'te dis que t'étais swell, mon p'tit gars...

MONIQUE — On n'avait pas l'eau chaude, dans c'temps-là. On faisait chauffer un canard d'eau chaude qu'on mettait dans un bain d'eau froide... J'vous déshabillais, toé pis Nicole, pis j'vous mettais dans le bain, tou'es deux... Pis j'vous frottais fort fort... Surtout toé.

LUCIENNE — Te rappelles-tu de tes p'tites culottes blanches en tweed? T'étais tu-seul su' a rue à porter ça...

DENISE — Avant, tout le monde me trouvait drôle. Tu t'en rappelles, quand t'étais p'tit? Hé, que tu me trouvais donc comique!

MONIQUE — Pis j'te dis que t'aimais ça te faire frotter!

LUCIENNE — J't'achetais des p'tits chandails baby blue pour mettre avec ça!

DENISE — Faut dire que y'a rien que j'faisais pas pour te faire rire, aussi!

LUCIENNE — J'te dis que tu te tenais le corps raide!

MONIQUE — Tu gigotais comme un p'tit poisson... Un vrai p'tit poisson...

NICOLE — J'en avais pourtant ben préparé des affaires à te dire...

MONIQUE — C'est comme ça que j't'appelais...

LUCIENNE — J't'appelais mon p'tit soldat! T'étais déjà pas mal orgueilleux, dans ce temps-là...

DENISE — T'en rappelles-tu quand j'te contais « Le petit chaperon rouge » ?

NICOLE — Pis là...

DENISE — Pis que j'enlevais mon partiel quand venait le temps de crier: «C'est pour mieux te manger, mon enfant!»

NICOLE — J'ai juste envie de te regarder, pis de me taire.

DENISE — Mais là tu riais pus, par exemple... Là, t'avais peur en maudit!

LUCIENNE — Tu le savais que t'étais beau, hein? Pis tu le sais encore que t'es beau, hein? Hein? Dis-lé!

DENISE — Pis j'aimais ça te faire peur parce que j'pouvais te tripoter comme j'voulais!

NICOLE — Chus bloquée. Chus contente comme une folle que tu sois là, pis tout d'un coup...

LUCIENNE — Dis-lé!

NICOLE — Mes vieilles peurs me reviennent... J'ai l'impression que j't'ai trop tripoté... J'sais qu'on avait dit qu'on parlerait pus de ça... mais... J'voudrais tellement pas que tu te sentes comme un p'tit gars avec sa mère...

LUCIENNE — T'es moins habillé à mon goût que dans le temps, par exemple!

MONIQUE — C't'effrayant... comme... j'm'en-dors... c'tu fou...

NICOLE — Même si chus pas responsable...

DENISE — J'attendais que ça soye à mon tour de te garder, pour te faire ces peurs-là. T'sais, là, on te gardait chacune à notre tour, parce que popa sortait à tous les samedis soirs? On avait chacune une fois par mois pour te garder, pis j'te dis qu'on en profitait!

MONIQUE — J'aimerais que t'ôtes...

DENISE — Toé, t'avais peur comme un bon quand v'nait mon tour de te garder parce que tu savais que j'jouerais à cachette avec toé, ou ben donc que j'te conterais des histoires é-peurantes.

MONIQUE — Pourquoi... tu t'étends pas... à côté de moé ?

NICOLE — J'l'ai tellement pas v'nue venir, c't'af-faire-là, Serge !

DENISE — Mais t'aimais ça, avoir peur ! T'aimais ça !

LUCIENNE — J'en ai-tu dépensé d'l'argent, pour toé !

DENISE — T'aimais ça en maudit ! Hein ?

LUCIENNE — Tes premières culottes longues... Ton premier pick-up... Aie, j'm'en rappelais pus, de ça, c'est vrai ! J'avais pas gros d'argent, mais j'te l'avais acheté pareil, ton premier pick-up !

DENISE — Astheur...

NICOLE — Pis je l'ai tellement pas voulu, c'qui est arrivé !

DENISE — Y faut que j'me contente de te re-garder.

NICOLE — C'est pas de notre faute, à nous au-tres, Serge. C'est de leur faute, à eux-autres !

LUCIENNE — T'as jamais pensé à ça, mon p'tit frère que t'avais une dette envers moé ?

DENISE, *très lentement* — « C'est pour mieux te manger, mon p'tit enfant de chienne ! » Pis j'te mordais partout !

DENISE — Y'a rien que toé, astheur, qui ris
quand j'fais la folle... C'est vrai! T'sais...
Ça fait cinq ans que le magasin est à nous
autres... On a ben travaillé pour l'avoir, pis
toute... On était ben contents, Gaston pis moé...
Moé, j'travaillas à caisse, ça sauvait un salaire... *(Au bord des larmes.)* Gaston veut pus que
j'travaille à'caisse, astheur, parce qu'y me
trouve trop grosse! Y'a honte de moé! Y...
y... y... fatigue quand chus là! Ah, y me l'a
pas dit de même, mais j'm'en sus rendue
compte, chus pas si folle que ça! Chus t'ha-
bituée de faire des farces avec les clients,
tu me connais, tu sais comment c'que j'aime ça,
rire... pis... Bon, c'est vrai que j'parle tout le
temps de mon poids, mais que c'est que tu veux,
chus t'aussi ben de rire de moé devant le monde avant qu'y risent de moé dans mon dos!
Ben l'à, Gaston, y le prend pus! Y prend son
air de beu quand j'essaye d'être drôle, pis moé
j'viens que j'sais pus que c'est faire. J'sais pas
comment c'est t'expliquer ça, parce que j'comprends pas moé-même c'qui se passe. Chus
toute mélangée, j't'après virer folle d'inquiétu-
de! Y'était toujours le premier à me trouver drôle, avant! Y m'a mariée parce qu'y'aimait les
femmes grasses, tabarname, que c'est qui y
prend tout d'un coup! Ah, pis peut-être que
j'vas trop loin avec mes farces, aus-
si. *(Essayant de rire.)* Que c'est que tu veux,
j'trouve ça drôle de scandaliser les vieilles filles,

pis les femmes pognées, avec mes farces co-
chonnes. Gaston a peur de perdre des clients...
Ah, pis non, c'est pas ça... C'est plus simple que
ça, y'a honte de moé, j'le sens! Y'a honte parce
que chus trop grosse! Toé, au moins, ça te fait
rien, hein? Ça te fait rien, hein, que j'soye
grosse?

N° 23   SOLO

SERGE, *très las* — T'es pas grosse, Denise. Ça
fait combien de fois qu'on te l' dit? C'est juste
dans ta tête. Y'a juste toé qui penses que t'es
grosse, les autres te voient pas comme toé tu
te vois. Si t'arrêtais d'en parler, un peu, Si t'arrêtais de centrer toute la vie sur ça, tu serais
ben moins misérable! Mais des fois j'me
d'mande si t'as envie d'être moins malheureuse.
C'est juste dans ta tête, Denise. Arrête
d'en parler. C'est juste dans ta tête...
T'es pas grosse pantoute... t'es juste... disons,
en chair.

LUCIENNE, *lentement* — J'arais juste deux p'tits coups de téléphone à faire... Y me semble de leu' voir la face... Monique envalerait une bouteille complète de somnifères, j'pense... Pis Denise... Denise, elle, le frigidaire est toujours là quand ça va mal... Comme ça, on le saurait toutes les quatre «officiellement»... Je le sais pas si on en parlerait entre nous autres ou ben donc si on continuerait à garder ça caché... Ça serait pas mal comique de voir les réunions de famille, après... J'vois ça d'icitte... Tout le monde se regarderait comme chien et chats... On pourrait couper l'électricité au couteau... Mais t'as raison, j'le f'rai pas. J'suppose qu'y'a assez de drames de même dans'famille. J'vas encore agir comme la plus vieille... la plus raisonnable... J'vas encore... prendre la place de moman. C'que j't'ai dit avant que tu partes, j'le pense encore, par exemple. Y fallait que j'soye ben paquetée pour te l'dire, mais j'étais contente après... *(En riant.)* My God, c'est vrai que t'es t'une tapette manquée !

Nº 25   DUO

LUCIENNE — Ouan, j'en ai rêvé, mon p'tit gars, j'en ai rêvé ! J'me sus dit pendant longtemps que c'était c'qui pouvait t'arriver de mieux.

NICOLE — Quand c'est arrivé... Quand j'me sus rendue compte, la première fois, que quand

t'étais là c'tait pus mon p'tit frère qui était là...
c'tait un gars... quasiment un homme... pis
que tu me regardais comme un homme regarde
une femme... J'ai eu tellement peur! J'l'avais pas
voulu, Serge! J'l'avais pas voulu!

LUCIENNE — On s'est tellement servi de toé
comme d'une bebelle, dans'maison, on t'a tellement dorloté, pis cajolé, on t'a tellement é-
levé comme une p'tite fille, ou plutôt on t'a tellement élevé comme si t'avais pas de sexe,
qu'un moment donné j'me sus dit qu'y'avait
trop de femmes autour de toé, que ça te mé-
langerait, que tu réagirais contre, pis que...

NICOLE — Avant, c'tait pas grave, dans ma tête,
on était juste des enfants... C'tait... c'tait juste
des jeux... Pis tout le monde avait tellement l'air de trouver ça le fun, dans maison...
J'jouais avec toé, moé, c'est toute!

LUCIENNE, *éclatant de rire* — Ç'arait été ta seule porte de sortie, j'pense. Tu l'as pas pris...
tant pire pour toé. Oui, j'pense que j'peux dire
ça... Tant pire pour toé.

NICOLE — La première fois que tu t'es t'appro-
ché de moé dans le sofa, pis que c'était
pas juste pour me donner un bec avant de
t'endormir... T'étais tellement beau, Serge!

LUCIENNE — J'verrais plus ton avenir avec un
autre gars qu'avec ta sœur la plus jeune, si tu
savais!

NICOLE — C'est ben sûr que j'en rêvais depuis
longtemps sans me l'avouer, moé aussi! Mais...
quand c'est arrivé... C'était tellement effrayant,
pis tellement beau en même temps... que j'arais

voulu… qu'on meure tou'es deux, tu-suite après, pour pas que personne le sache, jamais… Pis, surtout, pour pas être obligée de m'en rappeler, moé…

LUCIENNE — J'ai tout expliqué ça à ton grand chum Robert. On a eu un de ces times !

NICOLE — Mais le lendemain, on était pas mort, ni l'un ni l'autre, pis tout a continué exactement comme avant. C'est drôle… J'me sus même pas sentie coupable, le lendemain matin, en me réveillant. T'étais tellement heureux… Pis moé aussi !

LUCIENNE — Y pense la même chose que moé, ton grand chum Robert. Y te trouve un peu beaucoup malade, lui avec.

NICOLE — Pis la deuxième fois… j'ai pas trouvé ça laid, ni effrayant pantoute… J'ai juste été heureuse… Parce que c'était normal que ça arrive, j'suppose…

LUCIENNE — Entre deux deseases, comme dirait mon mari, j'arais aimé mieux l'autre ! J'arais eu moins honte de toé !

NICOLE — Pis… que c'était beau.

Nº 26   SOLO

SERGE — Pauvre Lucienne, à t'entendre parler, on dirait qu'y'a rien que toé qui penses, dans' famille ! Pourquoi tu penses que chus parti pendant trois mois, tout d'un coup, hein ? Avec la job que j'fais, tu devrais savoir que j'ai pas encore les moyens de me payer des vacances de

trois mois! J'ai emprunté de l'argent pour pouvoir partir, Lucienne, parce qu'imagine-toé donc
que Nicole pis moé aussi on s'en est faite
des problèmes avec tout ça! Pis que nous autres
aussi on sent le besoin de réfléchir, de temps en
temps! C'est vrai que j'ai pas eu ben ben le
choix, c'est vrai que toute la famille m'a jeté
dans les bras de Nicole, sans trop s'en rendre
compte, j'espère. Ben là, j'y suis, dans les bras
de Nicole! Pis à l'a trente ans, pis moi j'en ai
vingt-cinq! Ça fait qu'imagine-toé donc que j'me
sus posé des questions, un moment donné!
Okay, j'y suis dans les bras de Nicole, mais
c'est-tu ça que j'veux vraiment? Chus-tu *ben*
dans les bras de Nicole? Ben après trois mois
passés dans elle, j'te dirai, Lucienne, que oui,
chus ben dans les bras de Nicole, pis que oui,
j'vas y rester le plus longtemps possible! Que
t'ayes honte de moé ou non, qu'on soye obligé
de déménager ben loin ou non, on est ensemble,
Lucienne, pis tant qu'on va pouvoir, on va rester ensemble! Pour moé, tout est clair, tout est
simple, astheur, chus sûr de mon affaire: c'que
j'ressens pour Nicole, pis c'que Nicole ressent
pour moé, c'est de l'amour, Lucienne du vrai,
sans histoires d'intérêt pis de sécurité en arrière; c'est de l'amour, pis c'est beau! C'est beau!
J'me sacre de ce que le reste du monde peut
penser, nous autres on est heureux, pis c'qu'on
ressent l'un pour l'autre, si c'est une maladie,
c'est une maudite belle maladie! Que personne
vienne me dire que j'ai pas le droit, j'ai le droit!
J'ai le droit d'être heureux comme tout le mon-

de, pis j'ai eu la chance de trouver mon bonheur! Pis mon bonheur, ben oui, c'est ma sœur! Pis j'ai décidé que j'arais pas honte de l'avoir trouvé, mon bonheur, pis que j'f'rais toute au monde pour le garder! Si vous vous faites chier avec vos maris, vous autres, respectez-nous donc, nous autres, on est heureux! On va s'aider à vivre, tou'es deux, pis on va vieillir ensemble, c'est-tu assez beau, on a décidé qu'on vieillirait ensemble sans se faire de mal! J'ai toute expliqué ça dans les lettres que j'ai envoyées à Nicole, pis j'ai hâte de la voir pour y dire moé-même! Pis.. laisse faire... essaye pas d'expliquer quoi que ce soit à mon grand chum Robert... J'vas le faire, moé... Pis j'pense que lui va arrêter de rire si toé tu le fais pas.

N° 27   SOLO

NICOLE — Juste avant ta première lettre, j'commençais à croire que tu m'avais oubliée. C'tu fou, hein? J'me disais: «Peut-être qu'on a eu raison de se séparer; peut-être qu'un coup rendu là-bas, y s'est rendu compte qu'y'était mieux tu-seul; peut-être qu'après avoir goûté à la... liberté... comme ça, y voudra pus revenir... C'est fou, hein, les histoires qu'on peut se faire quand on attend des nouvelles de quelqu'un. C'est long, un mois. Un grand mois sans signe de vie de... Moé, de mon bord, j't'avais promis que j't'écrirais pas la première, que j'attendrais... Ça fait que... Pis ta première lettre est arrivée à un moment où je l'attendais pus... Je r'venais à'maison, un midi, pendant mon heure de lunch... J'ai tellement pleuré, Serge! J'devais avoir l'air des vieilles vues françaises qu'on regarde à'télévision en riant comme des fous, parce que quand la bonne femme reçoit des nouvelles de son chum, à se met à se garrocher partout dans'maison, ou ben donc à se jette sus son lit en hurlant... Ben, j'ai toute faite ça, moé aussi. J'étais tellement heureuse d'avoir enfin des nouvelles de mon.. chum... Pis... tu disais que tu t'ennuyais, par-dessus le marché! Pis que tu m'aimais! Que tu tofferais tes trois mois, mais que ça s'rait ben dur... T'as ben faite de toffer tes trois mois... Là, on est sûr... J'ai sauté sus le téléphone pis j'ai téléphoné chez popa pour leur dire que j'avais eu de tes nouvelles... Ma tante Charlotte m'a juste dit que tu leur avais envoyé un télégramme en arrivant à Paris pis qu'y'avaient pus jamais entendu parler de toé, pis que popa était ben inquiet, pis toute le kit... pis à l'a raccroché. Va falloir qu'on fasse quequ'chose pour popa, Serge, ça a pas de bon sens. Y peut pas rester tu-seul avec eux autres plus longtemps, là, c'est pus possible, y vont le rendre complètement fou! J'ai pensé à quequ'chose... Si t'es pas d'accord, on le f'ra pas... Ecoute...

GILBERTE — Que c'est que tu veux, tu viens que tu sais pus quoi faire...

SERGE, *très fort* — Popa...

GILBERTE — Un roastbeef un jour...

SERGE — Popa, m'entends-tu comme faut, là?

GILBERTE — Un poulet, ou ben donc un spéghatti le lendemain...

SERGE — J'ai ben pensé à toé pendant que j'étais parti...

GILBERTE — Là, tu fais un rôti de veau ou ben donc un ragoût...

SERGE — Popa, on a jamais eu une seule conversation sérieuse dans toute notre vie...

GILBERTE — ...pis tu viens que tu sais pus quoi faire!

SERGE — J'te connais pas! Pis chus sûr que tu me connais pas non plus!

GILBERTE — ...ça fait que tu recommences...

SERGE — Quand j'tais p'tit, j'te voyais jamais parce que tu travaillais de nuit, pis plus tard...

CHARLOTTE — Ma tante est ben tannée de toujours manger la même chose...

SERGE — Depuis que moman est morte, tu t'es réfugié à'taverne...

CHARLOTTE — Ta tante Bartine a jamais eu ben ben d'l'imagination pour faire à manger...

SERGE — J'sais pas qui c'que t'es! Tu nous l'as jamais dit!

CHARLOTTE — C'est vrai que toute coûte ben cher...

SERGE — Même si t'entendais mal, j'arais eu besoin, des fois, qu'on se dise des affaires! On était les deux seuls hommes d'la maison!

GILBERTE — Mais tu comprends, toute coûte tellement cher...

SERGE — Quand j'allais à l'école, des fois, j'm'en rappelle, j't'écrivais des lettres quand j'avais besoin de conseils, mais j'les jetais, après, parce que j'étais trop gêné pour te les donner...

GILBERTE — On a ben d'la misère à rejoindre les deux bouts, ça fait que j'peux pas toujours faire c'que j'veux pour manger...

SERGE — Pourquoi c'que tout le monde a toujours été aussi gêné, dans'maison!

CHARLOTTE — Mêm' si on dépenserait une fortune pour acheter du manger, à le gaspillerait...

SERGE — On arait pu apprendre à se parler par signes, j'sais pas, moé...

GILBERTE — Faut dire que ma tante a ben d'la misère avec son arthrite...

SERGE — Popa, j't'encore obligé de te crier par la tête des affaires qu'on dit tout bas, d'habitude... pis ça me bloque!

GILBERTE — Ma tante est même pus capable de faire d'la pâte à tarte...

SERGE — J'ai réalisé une chose effrayante en pensant à toé, là-bas...

GILBERTE — Pis y'ont beau dire, les pâtes achetées tout faites, c'est ben moins bon...

SERGE — Tu nous as jamais entendu dire qu'on t'aimait!

GILBERTE — C'est comme les gâteaux, ça...

SERGE — Baisse pas la tête... J'le sais que ça te gêne...

GILBERTE — C'est rien que du vent, ces gâteaux-là!

SERGE — Regarde-moé...

CHARLOTTE — Ma tante, à l'a essayé de faire un vrai gâteau parce que tu revenais...

SERGE — J'sais que tu penses que c'est des choses qui se disent pas entre hommes...

CHARLOTTE — Ben t'arais dû voir ça... On a été obligé de le jeter...

SERGE — Popa, j't'aime!

CHARLOTTE — Dur comme d'la roche!

SERGE — Y'est peut-être vingt ans trop tard, chus pus un enfant, mais j'ai besoin de te le dire! Popa, j't'aime!

GILBERTE — Pis ton père qui digère quasiment pus rien!

SERGE — Pis c'est pas parce que t'entends pas qu'y faut s'empêcher de te les dire, ces affaires-là!

GILBERTE — Y joue un peu dans son assiette, là, pis y laisse toute...

SERGE — Tu peux au moins lire sur mes lèvres: Popa, j't'aime!

CHARLOTTE — À y donne les meilleurs morceaux, à lui, pis y y touche même pas!

SERGE — Si ça fait quarante ans que parsonne a osé te le dire parce que c'est des choses qui se crient pas, moé, j'te le crie! J't'aime!

CHARLOTTE — Pis ma tante, à reste pognée avec les restants...

SERGE — Parce que j'sais que t'en as besoin, toé aussi!

GILBERTE — Ça vaut pus la peine de rien essayer...

SERGE — Pleure pas!

GILBERTE — Ça vaut pus la peine...

SERGE — Popa, pleure pas, j't'en supplie!

GILBERTE — Ça vaut pus la peine de se forcer...

SERGE — Pleure pas!

GILBERTE — Y' est trop tard, pour se forcer, y'est trop tard!

N° 29   OCTUOR

NICOLE — J'sais que ça a un côté ben cruel, mais que c'est que tu veux, on peut pas le laisser là. Les autres ont des familles, pis y peuvent pas prendre popa avec eux autres. Pis nous autres... Y finirait par s'apercevoir de ce qui se passe dans'maison... Ça fait que j'ai pensé... En se mettant tout le monde ensemble... on pourrait peut-être le placer...

SERGE — Jamais! Ça, jamais!

NICOLE — Y'en a, des places ousqu'y sont ben!

SERGE — J'veux pus jamais que tu parles de ça, Nicole, jamais!

MONIQUE — Mon Dieu, j'ai-tu dormi? Ben oui... Sont fortes quequ'chose de rare, ces pelules-là! Ça fait-tu longtemps?

SERGE — Dix minutes... pas plus.

MONIQUE — Ah, ben, ça doit-être toé qui me reposes, parce que j'me sens en forme... J'pense même que j'ai rêvé... Ça faisait des mois que ça m'était pas arrivé! Reste à coucher, t'es bon pour mes nerfs...

SERGE — Non, y faut justement que j'm'en aille...

NICOLE — T'aimes mieux qu'y reste là?

SERGE — Non, j'le sais qu'y faut qu'y sorte de là... Je l'ai jamais tant réalisé qu'à soir... Écoute... Denise a un salon double qui fait rien... à me l'a offert... à pourrait prendre popa... Pis y'a Lucienne qui veut se louer un appartement parce que ça va mal avec son mari... Pis Monique qui veut s'en aller de chez eux... J'veux le sortir de là, Nicole, mais j'veux pas le placer, ça va le tuer!

ARMAND — Va te coucher... Va te coucher, Serge, t'es t'à moitié mort de fatigue...

Très long silence.

SERGE — Bon, ben j'pense que j'vas y aller...

ARMAND — Viens nous voir plus souvent.

GILBERTE et CHARLOTTE — Ma tante, à s'ennuie...

DENISE — Déjà? Viens me voir plus souvent...

GILBERTE et CHARLOTTE — Tu-seule, des grands journées de temps... avec elle!

MONIQUE — Viens me voir plus souvent, là...

ARMAND — ...ben, j'veux dire, quand ça te plaira, hein, j'veux pas te forcer...

DENISE — Ça me fait tellement plaisir...

MONIQUE — Ça me fait tellement de bien...

NICOLE — Mais les deux tantes, que c'est qu'on va en faire?

LUCIENNE — Serge...

DENISE — Pis pense à mon offre, là, chus sérieuse...

LUCIENNE — Même si on s'est un peu chica-
né... pense à c'que j't'ai dit...

MONIQUE — Si jamais vous me voyez arriver chez vous, là, sacrez-moé pas de-
hors...

NICOLE — Ça fait dix ans qu'y prennent soin de
popa, on peut pas les abandonner... C'est vrai
qu'y'ont des enfants, eux-autres aussi... Qu'y
s'en occupent...

ARMAND — Pis apporte-moé d'autres livres...
J'ai tout fini ceux que tu m'avais donnés avant
de partir... Les journées sont longues... C'est
pour ça que chus retourné à'taverne si souvent.

NICOLE — Viens te coucher... On reparlera de
tout ça demain, tu tombes de fatigue, là...

LUCIENNE — Serge... Avant de partir, écoute...
J'ai pensé à une autre affaire... *(Très long silence.)* Tu pourrais prendre popa avec toé... *(Très
vite.)* Si t'acceptes, là, on va prendre un grand
grand appartement, on va donner une chambre à
popa, y va être ben mieux avec toé qu'avec les
deux folles, pis... Robert ira là sous pré-
texte de te rendre visite... pis moé aussi...

MONIQUE — Bye, mon trésor...

DENISE — Salut, sexy...

LUCIENNE — Penses-y.

SERGE — Nicole... Si jamais on trouve pas d'autre solution... Lucienne m'a parlé de quequ'
chose...

ARMAND — Aie, j'tai pas dit ça... La sœur de
Bonnier, t'sais mon chum, à'taverne, là? Ben sa
sœur à t'a vu, à Paris!

GILBERTE — Attache-toé un peu. Reste pas la falle à l'air de même.

MONIQUE — Attache-toé comme faut, là...

DENISE — Couvre-toé donc, un peu...

LUCIENNE — Relève ton collet...

LES FEMMES, *sauf Nicole* — Tu vas geler !

ARMAND — À dit qu'à l'a pas pu te parler, parce que toé t'étais à pied, pis elle est-tait dans un étebus de touristes...

CHARLOTTE — Tu vas-tu me les passer, les deux piasses ?

ARMAND — Est ben sûre que c'est toé... À l'arait aimé ça te parler...

GILBERTE — Appelle-moé, cette semaine...

CHARLOTTE — Ma tante, à n'a ben besoin...

ARMAND — Tu comprends, à pensait jamais qu'à rencontrerait quelqu'un qu'à connaît, à Paris !

Très long silence.

MONIQUE — Bye !

DENISE — Salut !

LUCIENNE — Bye, bye !

NICOLE — Bonne nuit...

SERGE — Mon... taxi... est... arrivé.

TOUS, *sauf Nicole et Serge* — Bonjour, là ! Bonjour !

Très longue sonnerie insistante.

GILBERTE — Mon Dieu, que tu m'as faite peur !

CHARLOTTE — Ma tante à pensait que c'tait le téléphone qui sonnait...

GILBERTE — Y'a-tu quequ'chose qui va pas ?

CHARLOTTE — J'tais là que j'criais « Allô ? Allô ? » comme une folle, au bout d'la ligne...

SERGE — Popa dort-tu ?

GILBERTE — Ben, y'est deux heures du matin !

SERGE — J'veux y parler...

GILBERTE — Tu reviendras demain, ça l'a pas de bon sens !

SERGE — J'veux y parler tu-suite !

GILBERTE — Voir si ça l'a de l'allure, arriver en fou de même !

CHARLOTTE — Y'a-tu quequ'un de malade ?

GILBERTE — C'est Nicole ? Nicole est-tu malade ?

CHARLOTTE — Pourquoi t'as pas appelé, ça l'aurait été ben plus vite...

ARMAND — Que c'est qui se passe, encore, là ? La maison tremble comme si y'arait eu un tremblement de terre ! Que c'est que tu fais icitte à c't'heure là, toé ?

CHARLOTTE — Nicole est malade...

ARMAND — Quoi ?

GILBERTE, *plus fort* — Nicole est ben malade !

CHARLOTTE — Nicole est malade...

SERGE — Ben non, Nicole est pas malade... Y'a personne de malade !

GILBERTE — Tu viens de dire...

SERGE — J'viens de dire que j'voulais parler à mon père, j'ai pas dit que Nicole était malade, c'est vous autres...

ARMAND — Que c'est qui se passe, là? J'comprends rien! Parlez plus fort!

SERGE — J'veux te parler!

ARMAND — À trois heures du matin?

CHARLOTTE — Y'est rien que deux heures...

ARMAND — T'arais pas pu attendre à demain, non?

SERGE — Non. *(Plus fort.)* Non, y fallait que j'te parle tu-suite. Sans ça, j'arais pu changer d'idée...

MONIQUE — Allô, Denise? Sais-tu c'qu'y arrive? C't'effrayant!

ARMAND — Comment ça, changer d'idée?

GILBERTE — Tu r'viens rester icitte comme ma tante te l'a demandé?

DENISE — Hein? Quoi? Que c'est qui arrive, donc? Quelle heure qui l'est, là?

SERGE — J'ai une offre à te faire, popa, pis j'veux une réponse tu-suite!

MONIQUE — C'est Lucienne qui vient de m'appeler... c'est pas croyable...

CHARLOTTE — Une offre?

ARMAND — Comment ça, une offre...

SERGE, *criant presque* — Nicole pis moé on veut que tu viennes rester avec nous autres!

GILBERTE — Serge!

CHARLOTTE — Mon doux!

LUCIENNE — Allô? Nicole? T'es contente, là! T'as fini par gagner sur toute la ligne!

MONIQUE — Popa s'en va rester sus Nicole pis Serge !

ARMAND — T'arais pas pu attendre à demain pour me demander ça, franchement !

DENISE — Ben voyons donc, Serge était supposé de venir rester chez nous !

SERGE — J'veux que tu me répondes tu-suite ! J'veux pus que tu restes icitte !

GILBERTE — C'est ça, dis-nous en pleine face qu'on le martyrise !

LUCIENNE — Ben, réponds-moé, au moins !

CHARLOTTE — C'est comme ça que tu nous remercies d'en prendre soin comme un bébé ?

NICOLE — J'ai rien à te dire, Lucienne.

DENISE — Quand est-ce que ça se fait.

NICOLE — Rien...

MONIQUE — Le plus vite possible, y paraît !

GILBERTE — Tu nous abandonnes !

CHARLOTTE — Maudit sans-coeur !

NICOLE — Oui, au fait, j'ai quequ'chose à te dire, Lucienne... Popa va être ben, icitte... On va en prendre soin...

LUCIENNE — Maudits dégénérés !

MONIQUE — Pis sais-tu c'que Lucienne a essayé de me mettre dans'tête ?

NICOLE — Ben oui, c'est ça, bonsoir...

MONIQUE — Y me semble que ça se peut pas, c'est trop laid !

DENISE — Ça me surprend pas d'elle ! À l'a la tête assez crochue ! Faut surtout pas toute croire c'qu'à dit...

GILBERTE — Que c'est qu'on va devenir, nous autres !

CHARLOTTE — On sait ben, tu penses pas à ça, toé! Ça te fait rien, toé! Ça te dérange pas!

SERGE — Vos yeules! *(Silence.)* Excusez-moé, c'est pas ça que j'voulais dire... Mais y faut que j'parle à mon père... J'sais que vous allez entendre de toute façon, mais au moins, retournez dans votre chambre! C'est entre lui pis moé, c't'affaire-là, pis j'veux pas, vous m'entendez, j'veux pas que vous vous en mêliez!

GILBERTE — Viens-t'en, Charlotte.

CHARLOTTE — On le sait quand le monde veulent pus de nous autres.

DENISE — J'croirai jamais un affaire de même, Monique! Pis tu devrais avoir honte de douter d'eux autres comme ça!

MONIQUE — Mais oui, mais... si à l'a pris la peine de m'appeler au beau milieu de la nuit pour me dire ça...

DENISE — Salut!

MONIQUE — Allô? Allô?

N° 31   DUO FINAL

ARMAND — Assis-toé su'l'bord du lit... Tu fumes toujours pas?

SERGE — Non.

ARMAND — C'est à peu près ma quatrième cigarette de la nuit...

SERGE — Tu vas mettre le feu, un bon jour...

ARMAND — Ça fait longtemps que ça s'rait faite...

SERGE — Ouais...

ARMAND — As-tu... ben pensé à c'que tu me demandes?

SERGE — Non.

ARMAND — Les conséquences...

SERGE — Les conséquences, j'm'en sacre...

ARMAND — Tes deux tantes...

SERGE — Y'ont des familles...

ARMAND — ...pis moé? J'ai mes habitudes... Pis j'ai soixante-dix ans...

SERGE — T'auras pas besoin de changer tes habitudes, popa... On reste pas ben loin d'icitte. Tu changeras même pas de quartier...

ARMAND — T'sais, j'vaux pas grand'chose dans une maison...

SERGE — On va s'arranger, popa! On va s'arranger! Tu vas voir! Le principal, c'est que tu sortes d'icitte! Pis vite!

ARMAND — C'est toute un fardeau que vous vous mettez sur les bras...

SERGE — Ben non...

ARMAND, *après un silence* — Serge...

SERGE — Quoi...

ARMAND — Si tu savais... Ça fait tellement longtemps que j'attends ça! Ça fait tellement longtemps que j'attends qu'un de mes enfants...

SERGE — Comme ça, c'est oui?

ARMAND — J'vas y penser... sérieusement.

SERGE — Popa... y'a une chose grave... ben grave qu'y faut...

ARMAND — Laisse faire, mon garçon... Laisse faire le reste. J'le sais, le reste...

SERGE — Tu le sais! Depuis longtemps?

ARMAND — Oui. Depuis longtemps. Parlons-en pas. Tes tantes écoutent. Va te coucher...

SERGE — Oui, c'est ça. Bonjour, là!
ARMAND — Bonjour.

NOIR

Montréal-Cowansville
janvier-avril 1974

TABLE

POUR L'AMOUR DU BONJOUR
  par Laurent Mailhot 9

BONJOUR, LÀ, BONJOUR 25

Michel TREMBLAY est né le 25 juin 1942 à Montréal dans un quartier populaire. Après sa 11e année il s'inscrit aux Arts graphiques et de 1963 à 1966 il exerce le métier de typographe à l'Imprimerie judiciaire. Sa première pièce, *le Train*, qu'il a écrite à dix-sept ans, remporte en 1964 le premier prix du Concours des Jeunes auteurs de Radio-Canada.

En 1965, Michel Tremblay écrit *Les Belles-Soeurs*. Cette pièce est créée en 1968 par le Théâtre du Rideau Vert à Montréal et sera produite à Paris en 1974 par la Compagnie des deux chaises où elle est reconnue la meilleure pièce étrangère de l'année. Depuis le succès des *Belles-Soeurs* en 1968, Michel Tremblay se consacre entièrement à l'écrit dramatique. Parmi ses pièces les plus marquantes, créées à Montréal, mentionnons: *En pièces détachées* en 1969; *À toi, pour toujours, ta Marie-Lou* en 1971 et reprise en 1974; *Hosanna*, créée en mai 1973, est présentée l'année suivante au Tarragon Theatre de Toronto et, par la Compagnie des deux chaises, au Bijou Theatre à New York en 1975; *Bonjour là, bonjour* en 1974, reprise en 1980 par le théâtre du Nouveau Monde; en 1976, la Compagnie Jean Duceppe crée *Sainte Carmen de la Main*, la pièce la plus ouvertement «engagée» de Tremblay, jouée en anglais à Toronto en 1978 et reprise en français par le théâtre du Nouveau Monde à la fin de la saison 1978; *Damnée Manon, Sacrée Sandra* en 1976, reprise en 1980. Ainsi prend fin le «cycle des *Belles-Soeurs*.

En avril 1980, la pièce *l'Impromptu d'Outremont* est créée à Montréal au Théâtre du Nouveau-Monde. Elle est reprise au Théâtre Port Royal de la Place des Arts de Montréal à l'hiver 1980. Sa plus récente pièce, *Les anciennes odeurs* était créée au Théâtre de Quat'Sous en 1981. En 1974, Tremblay signe le scénario de son premier long métrage, *Il était une fois dans l'Est*, réalisé par André Brassard. Un autre film de Tremblay-Brassard, *Le soleil se lève en retard*, sera lancé l'année suivante.

Michel Tremblay a publié en 1978 le premier ouvrage des Chroniques du Plateau Mont-Royal, *La grosse femme d'à côté est enceinte*. En 1979, l'œuvre est publiée en France, chez Robert Laffont. Le deuxième roman de ce cycle romanesque, intitulé *Thérèse et Pierrette à l'école des Saints-Anges*, est publié en 1980, puis en France, chez Grasset, en 1983. Le troisième, *la Duchesse et le roturier*, est paru en 1982, et chez Grasset, en 1984. La même année, un quatrième roman venait s'ajouter au cycle : *Des nouvelles d'Édouard*.

En 1986, il publie *Le cœur découvert*, roman d'amours. Depuis 1964, Michel Tremblay a écrit une quinzaine de pièces de théâtre, deux comédies musicales, un recueil de contes, six romans, quatre scénarios de films. Il a adapté pour la scène des pièces de Aristophane, de Paul Zindel, de Tennessee Williams, Dario Fo, Tchékhov et Gogol.

Il a reçu en 1974 le Prix Victor-Morin décerné par la société Saint-Jean-Baptiste de Montréal. En 1976, il s'est vu attribuer la Médaille du Lieutenant-gouverneur de la province de l'Ontario. Il fut plusieurs fois titulaire d'une bourse du Conseil des Arts. En 1981, il reçut le prix France-Québec pour *Thérèse et Pierrette à l'école des Saints-Anges*. En 1984, il a été nommé Chevalier de l'Ordre des Arts et des Lettres de France. En 1986, il a reçu le prix Chalmers pour *Altertine, en cinq temps*.

Achevé d'imprimer
en décembre 1989
MARQUIS
Montmagny, QC